신앙은
개념이다

신앙은 개념이다

발행 초판 1쇄 2022년 5월 30일

지은이 김민호
펴낸이 박준우
펴낸곳 리바이벌북스
디자인 리폼드미니스트리·디자인별
판권 ⓒ리바이벌북스
주소 경기도 의정부시 승지로 4, 4층
전화 070-8861-7355 팩스 031-851-7356
www.revival153.com
E-mail revivalbooks@naver.com
홈페이지 www.revival153.com
ISBN 979-11-978407-4-6 (02230)
등록 제2015-000012호 (2015.03.27.)

신앙은 개념이다

김민호 지음

리바이벌북스

목차

각 챕터마다 해당 강의 영상이 수록되어 있습니다. (챕터 14. 섬김 제외)

스마트폰 카메라로 QR코드를 찍어주세요.

신앙은 개념이다

신앙은 개념이다

들어가는 말

필자는 어느 자매로부터 같은 대학 룸메이트 언니와 있었던 당황스러운 사건을 들은 적이 있다. 이 자매는 자신이 주일 설교를 통해서 깨달은 진리가 너무 놀랍고 감격스러워 룸메이트 언니와 나누고 싶었다. 그런데 자신의 이야기를 듣던 언니는 시큰둥하게 반응하면서 다음과 같은 말로 응대했다고 한다.

"네가 깨닫고 은혜 받은 하나님을 나에게 강요하지 말아라!
그건 네가 깨달은 하나님이지…"

놀라운 사실은 이 말을 한 자매는 다른 종교인이 아니다. 그렇다고 해서 천주교인이나 여호와의 증인처럼 같은 성경을 보지만 다른 신학적 입장을 가진 종교도 아니다. 그냥 평범한 기독교 청년이다. 그럼에도 불구하고 한 성경을 통해서 각자가 깨달은 하나님이 다를 수 있다고 말한다. 너무도 당연하게 말이다.

아마도 이런 경험은 오늘날 교회에 정기적으로 출석하는 신자들 가운데 익숙한 사람들이 많으리라 생각된다. 그러나 이런 태도는 한 성경을 믿고 한 하나님을 믿는 신자들의 입에서 결코 나올 수 없는 일이다. 비록 한 성경을 읽는다고 하지만 각자가 깨달은 하나님을 믿는다고 한다면 어떤 하나님이 과연 참 하나님이라고 할 수 있을지 생각해 보아야 한다. 이것은 "이스라엘에 왕이 없었으므로 사람마다 자기 소견에 옳은 대로"(삿 17:6) 믿고 행했다는 사사기적 상황을 여실(如實)하게 보여준다.

하나님이라는 용어는 같이 사용하지만 그 용어에 대한 개념이 불분명한 상황에서 우리가 기독교를 믿고 있다는 것은 큰 의미가 없다. 이것은 마치 천주교나 이단들이 우리와 같은 용어를 사용하지만 그 의미가 다른 것과 같다. 구약에서도 누구의 하나님을 믿는가는 중요한 문제로 여겨졌다. 하나님을 믿는다고 하지만, 그 하나님이 아브라함의 하나님, 이삭의 하나님, 야곱의 하나님이 아니라면 그 하나님은 이방 민족이 숭배하는 하나님일 수밖에 없다. 용어가 중요한 것이 아니다. 그 용어의 '개념'이 중요하다. 용어가 같아도 개념이 다르면 완전히 다른 것이 된다.

반대로 용어는 얼마든지 다르게 표기 될 수 있지만 개념이 같을 수도 있다. 히브리어로 엘로힘(אֱלֹהִים), 영어로는 갓(God), 헬라어로는 데오스(θεος), 중국어로는 상제(上帝), 일본어로는 가미사마(神様)라고 하더라도 그 개념이 같다면 문제 될 것이 없다.

우리가 정말로 경계해야 할 점은 개념이 다른 것을 같은 용어로 부르는 것이다. 같은 용어를 다른 개념으로 사용하게 될 때, 옳고 그름이나 참과 거짓에 혼돈이 야기된다. 사탄은 어느 시대든지 이런 식으로 우리의 신앙을 혼란스럽게 흔들어 타락시켰다. 종교개혁의 역사가 이를 잘 말해준다. 종교개혁은 로마 가톨릭이 왜곡시킨 용어를 다시 회복한 역사이며, 이 용어의 회복을 통해 개혁이 일어난 사건이다.

사도 바울이 고린도 교회를 향하여 외쳤던 경고도 같은 맥락 속에 있었다.

"우리가 전파하지 아니한 다른 예수를 전파하거나 혹은 너희가 받지 아니한 다른 영을 받게 하거나 혹은 너희가 받지 아니한 다른 복음을 받게 할 때에는 너희가 잘 용납하는구나" (고후 11:4)

출애굽기 32장에 언급된 황금 송아지 사건은 이 문제의 심각성을 잘 보여준다. 출애굽기 32장은 모세가 시내산에 여호와 하나님과 대화하기 위해 올라간 후 40일이 다 되도록 아무런 소식이 없었던 상황을 배경으로 한다. 여기서 이스라엘 백성들은 오랜 지도자의 공백 기간을 참을 수 없어서 불안에 떨며 "우리를 위하여 우리를 인도할 신을 만들라"(출 32:1)고 아론에게 주문한다. 그들은 자기를 위한 신을 만드는 데 자신의 값비싼 귀중품 내놓기를 전혀 주저하지 않았다. 그리고 불 속에서 나온 것은 바로 애굽에서 익숙하게 섬겼던 우상 '황금 송아지'였다. 그들은 그 황금 송아지에게 애굽의 신

'아피스' 대신에 '여호와'라는 성호를 도용했다. 그리고 애굽에서 우상 숭배하던 방식으로 춤을 추며 여호와로 호칭되는 신을 섬겼다. 호칭만 바뀌었을 뿐, 섬기는 대상은 여전히 애굽의 신이 된 것이다. 이들의 행위는 하나님 앞에 우상 숭배라는 죄목으로 정죄되어 크고 두려운 사형 심판이 선고되었다.

오늘날 기독교 안에 나타나는 신앙 용어의 혼란은 가정에서도 그 심각성이 드러난다. 같은 교회를 다니지만 자녀가 이해하는 신앙 용어와 부모가 이해하는 신앙 용어는 다른 개념을 가지고 있다. 그래서 신앙이야기를 하면 교통이 일어나지 않는다. 예배에 대한 개념, 찬양에 대한 개념, 전도에 대한 개념, 은혜에 대한 개념이 다르다. 같은 용어를 사용하지만 개념이 다르다. 그래서 신앙에 대해 대화를 하면 할수록 갈등과 논쟁만 심해진다.

오늘날 기독교인의 가정과 교회와 기독교 커뮤니티(Community)는 같은 용어만 사용할 뿐 내용(개념)이 다른 하나님을 섬기는 종교의 집합소가 되고 말았다. 각자 자기 소견대로 정의한 하나님을 믿는 종교 통합(WCC)이 이미 신자의 가정과 교회와 교단과 선교 단체에서 이루어진 상태에 있다는 말이다.

그러므로 이렇게 개념이 불분명한 신앙 용어 사용에 대하여 프란시스 쉐퍼Francis Schaeffer는 "힌두교의 비슈누(Vishnu)라는 이름 아래 만나는 것과 예수님을 만나는 것이 다를 것이 무엇인가?"라고 반문한다. 이제 기독교 안에서 사용되는 수많은 용어들은 의미가 불분명한 '기호'로 전락한지 오래 되었다. '오직 예수'라는 표현의 의미는 불분명하며 각자 자기 나름대로의 의미를 가지고 있을 뿐이다. 쉐퍼의 표현처럼 성경에 나오는 예수는 '아무런 내용 없는 표상(表象, 대표적인 상징)'에 불과하다. 그 결과 성경이 가르치는 예수와는 정반대되는 표상에 다양한 개념이 혼용된다. 민중의 대변자 예수, CEO 예수, 신비적 체험을 주는 예수, 병 고치는 예수, 신비한 초능력을 주는 예수 등과 같은 다른 예수가 교회 안에 가득하다. 이런 비참한 현실을 쉐퍼는 다음과 같은 말로 지적한다.

"우리는 이제 예수라는 말이 참 예수의 적이 되었으며 예수님의 교훈에 대한 적이 되었음을 알 수 있다."

그리고 덧붙여 다음과 같이 호소한다.

"우리는 이 내용 없는 표상과 싸워야 한다."

쉐퍼의 이런 지적은 오늘날 기독교가 가지고 있는 문제의 핵심을 정확하게 간파한 것이다. 필자의 이 책은 부족하지만 바로 오늘날 기독교 안에 만연되어 있는 이 문제에 대한 고민을 조금이나마 덜기 위한 결과이다.

이 책은 1권으로 시작되어 계속 시리즈로 출판될 예정이다. 얼마나 많은 용어를 정리할지는 주님만 아시리라 생각된다. 그러나 성령께서 힘을 주시는 한 이 작업에 몸을 던져보려 한다. 혹여 부족한 부분이 있다면, 그 부분은 필자보다 탁월한 신학자들이나 목사님들께서 채워주시길 소망한다. 필자는 신학자가 아니라 평범한 목회자에 불과하므로 학자적인 깊이를 기대하는 분들에겐 충분한 만족을 주지 못함을 용서하길 바란다. 그럼에도 불구하고 부족한 필자가 신학적으로 민감할 수 있는 책을 집필한 이유는 조금이나마 신앙의 문제로 고민하는 깨어있는 신자들의 경건을 돕기 위해서일 뿐이다. 이 책은 학문적으로 완벽하게 기독교 신앙 용어 개념을 정리하려는 데 있지 않다. 단지 한국 교회 안에 만연한 용어의 혼란을 정돈하는 데 미약한 한 마리 나비의 날갯짓이 되고 싶을 뿐이다. 모쪼록 이 미약한 날갯짓을 주님께서 사용하셔서 큰 태풍으로 교회 안에 만연한 혼돈의 연기가 안개처럼 사라지길 기도할 뿐이다.

바람이 있다면, 이 책이 각급 학생부나 청장년부의 교육 교재로 활용되었으면 한다. 학생들이나 청년들에게 읽히고 그들의 생각을 묻고 정리를 하는 데 사용된다면 교회 안에 만연된 신앙적 갈등이 조금이나마 해소될 수 있으리라 생각된다. 특히 이 책은 각 용어마다 용어에 대한 정의를 해 놓았다. 필자는 이를 통해서 용어를 좀 더 명확하게 전달하고자 노력했다. 스터디를 하는 학생들이나 청년들에게 스스로 용어를 정리하도록 하고 나중에 필자가 정의한 것으로 검토하는 방식도 공부에 도움이 되리라 생각된다.

이 책을 쓰도록 영감을 주신 거룩하신 성삼위 하나님께 찬양과 영광을 돌린다. 이 책이 나오도록 곁에서 기도로 섬겨준 회복의교회 성도님들과 사랑하는 아내와 두 아들 영욱이와 영선이에게 고마움을 표하고 싶다. 또 이 책이 세상에 빛을 보도록 힘써주신 리바이벌북스 대표 박준우 목사님의 노고와 호의에 깊은 감사를 드린다. 아울러 일평생 기도로 아들의 목회를 섬기시고 지금은 하나님의 품에 계신 사랑하는 어머니와 외로이 아들의 목회 사역을 기도로 지켜보시는 아버님께 이 책을 선사하고 싶다.

2019년 다가오는 가을을 맞이하면서
회복의교회
김민호 목사

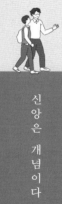

신앙은 개념이다

01

여호와의 이름

01
여호와의 이름

출애굽기 3장을 보면 모세는 떨기나무 가운데로부터 나오는 불꽃 안에서 여호와의 나타나심을 보게 된다. 여기서 모세는 처음으로 여호와 하나님께 소명을 받게 된다. 소명을 받게 된 모세는 자신을 부르신 하나님의 이름이 무엇인지 감히 질문한다.

> "모세가 하나님께 아뢰되 내가 이스라엘 자손에게 가서 이르기를 너희의 조
> 상의 하나님이 나를 너희에게 보내셨다 하면 그들이 내게 묻기를 그의 이름
> 이 무엇이냐 하리니 내가 무엇이라고 그들에게 말하리이까" (출 3:13)

모세의 질문에 하나님은 "나는 스스로 있는 자이니라 또 이르시되 너는 이스라엘 자손에게 이같이 이르기를 스스로 있는 자가 나를 너희에게 보내셨다 하라"(출 3:14)고 대답하셨다. 이 말씀을 통해서 우리는 하나님의 성호가 "스스로 있는 자"라는 사실을 비로소 알게 된다.

이 본문에서 "스스로 있는 자"라는 말은 두 번 반복되어 나온다. 전자에 해당하는 히브리어는 '에흐예 아쉐르 에흐예'(אֶהְיֶה אֲשֶׁר אֶהְיֶה)이고, 후자에 해당하는 히브리어는 '에흐예'다. 이것을 영어 성경은 각각 "I AM WHO I AM"과 "I AM"으로 번역했다. 영어 번역을 직역하면 전자는 "나는 존재하는 자로 존재한다(현재형)"고 할 수 있고 후자는 "나는 존재한다(현재형)" 정도로 번역할 수 있다.

이 호칭을 좀 더 구체적으로 이해하려면 "나는 (현재) 존재하는 자"로 이해하는 것이 좋다. 이 말은 하나님이 과거의 역사 속에 잊혀질 수 있는 존재가 아니고, 또 미래의 막연한 존재도 아니라는 말이다. 혹은 이론이나 문자에 갇혀 있는 하나님도 아니라는 말이다. 하나님은 '지금 구체적으로 실재하시고 역사하시는 분'이라는 의미이다.

여호와께서 모세에게 자신의 이름을 알려주시고, 더 나아가 자기의 이름을 이스라엘 백성들에게 알리도록 하신 것은 단순히 호칭을 알려주신 문제가 아니었다. 이것은 '계시' 사건을 말해준다. 왜냐하면 구약에서 이름이란 단순히 호칭 이상의 의미를 가지고 있기 때문이다.

히브리인들에게 이름은 자신의 실존(實存)을 의미한다. 따라서 '하나님의 이름'을 알려주셨다는 말은, '하나님 자신', 혹은 '하나님의 어떠하심'을 알려주신 것이다. 이것을 '계시'라고 한다.

미국의 유명한 조직신학자 존 프레임(John M. Frame)은 "하나님의 이름이나 하나님에 대한 설명보다 더 중심에 있는 것은 성경에 없다.[1]"고 말했다. 이는 성경이 기록된 핵심은 하나님의 이름을 알리는 데 있다는 말이다. 이렇게 엄청난 분량으로 기록된 성경은 하나님의 이름을 알리는 데 초점이 맞춰졌다.

그러나 여기서 필자는 성경에 언급된 여호와의 이름을 일일이 다 언급하고 설명하지는 않을 것이다. 왜냐하면 구약과 신약에서 여호와의 성호는 매우 다양하게 언급되며, 그것을 일일이 다 언급하기엔 지면이 턱없이 부족하기 때문이다. 여호와의 성호에 대한 더 많은 지식을 필요로 하는 사람은 관련 서적을 더 읽을 것을 추천하고 싶다.

그러면 여기서 다루고자 하는 여호와의 이름은 무엇인가? 그것은 모세에게 언급하신 "I AM WHO I AM", 혹은 "I AM"이다. 이 표현이 의미하는 바가 무엇인지 다시 기억해 두자. 이 호칭은 '나는 (현재) 구체적으로 실재하는 자'이란 뜻을 담고 있다. 이 호칭은 매우 중요하다. 왜냐하면 이 호칭은 첫째로 언약 신학과 관련된 호칭이기 때문이고, 둘째는 신약에서 예수님께서 자신을 가리켜 말씀하실 때 주로 사용하신 호칭이기 때문이다.

예수님은 자신을 종종 "I AM"으로 말씀하셨다. "I AM"은 헬라어로 "에고 에이미"(ἐγώ εἰμι)이다. 이 헬라어는 히브리어 성경 "나는 스스로 있는 자"(에

---

1) 존 M. 프레임, 『신론』 김재성 역 (P&R, 2014), 55

흐예)의 번역이다. 예수님께서 자신을 향하여 이 성호를 사용한 대표적인 성경 구절이 요한복음 8장 24절에 나온다.

> "그러므로 내가 너희에게 말하기를 너희가 너희 죄 가운데서 죽으리라 하였노라 너희가 만일 내가 그인 줄 믿지 아니하면 너희 죄 가운데서 죽으리라"
> (요 8:24)

여기서 "내가 그인 줄"로 번역한 부분이 헬라어로 "에고 에이미"(ἐγώ εἰμι)이다. 예수님은 자신이 출애굽기 3장 14절에 언급된 "스스로 있는 자"라고 말씀하신 것이다. 물론 한국어로 번역하면서 이러한 본문의 의도는 어쩔 수 없이 희석되고 말았다.

예수님께서 자신을 "스스로 있는 자", 다시 말해서 "에고 에이미"(ἐγώ εἰμι)로 언급하신 아주 분명한 사건이 요한복음 18장에 나타난다. 이 구절은 예수님께서 동산에서 제자들과 함께 기도하신 후, 가룟 유다가 몰고 온 군대와 대제사장들과 바리새인들과 대치된 상황 속에서 일어난다. 여기서 예수님은 무리들을 보시고 "누구를 찾느냐"고 물으신다. 누군가가 "나사렛 예수라"고 말하자, 예수님은 "내가 그니라"고 대답하신다. 이 대답과 함께 어떤 일이 벌어졌는지를 사도 요한은 다음과 같이 기록했다.

> "예수께서 그들에게 내가 그니라 하실 때에 그들이 물러가서 땅에 엎드러지는지라" (요 18:6)

성경을 읽는 상당수의 사람들은 예수님의 이 답변에 많은 사람들이 "물러가서 땅에 엎드러지는지라"고 기록된 사건을 이해하기 어려워한다. 혹은 이 사건을 아무런 의미도 부여하지 않고 그냥 읽고 넘어가곤 한다. 그러나 이 사건은 매우 중요하게 다뤄져야 할 사안이다. 왜냐하면 예수님의 이 답변은 예수님 자신이 여호와 하나님의 성호를 사용하여 자신을 드러낸 사건이기 때문이다. 무리들이 땅에 엎드러진 이유는 죄인이 여호와의 거룩하신 이름을 접하게 됨으로써 그 위엄 때문에 나타난 현상이었다.

여기서 예수님이 "내가 그니라"고 한 말의 헬라어가 바로 "에고 에이미"(ἐγώ εἰμι)이다. 영어로는 "I AM"이다. 히브리어로 말한다면 "여호와"라고 한 것이다. 예수님은 모세에게 알리셨던 성호로 자신을 언급하신 것이다.

예수님께서 자신의 이름을 "에고 에이미"(ἐγώ εἰμι)라고 언급하신 것은 예수님 자신이 바로 '여호와 하나님'이며, 여호와의 존재 자체임을 말해준다. 예수님께서는 여호와께서 지금 육체를 통해서 구체적으로 존재하고 있음을 선언하셨다. 이것이 여호와의 이름이다.

예수님께서 이렇게 "에고 에이미"(ἐγώ εἰμι) 용법을 통해서 자신을 언급하신 부분은 다양하다. 예를 들어, "나는 양의 문이라"(요 10:7), "나는 세상의 빛이라"(요 8:12) 등과 같은 것이다. 이와 같이 예수님이 자신을 언급한 부분은 상당히 많은데, 구약에서 여호와 살롬(여호와는 평화), 여호와 라파(여호와는 치료자), 여호와 닛시(여호와는 깃발), 여호와 이레(여호와는 준비하는 자) 등의 용법과 유사하다.

이렇게 모세에게 계시하신 이름은 사람들이 여호와를 현재, 지금 이 자리에, 구체적인 방식으로 존재하신다는 것을 인식하지 못하는 것을 염두에 둔 이름이다. 타락한 인간들은 하나님께서 지금 구체적으로 실재하시는 분이라는 사실을 깨닫지 못한다. 하나님께서 존재하신다는 것은 인정할지 모르나, 그 하나님이 구체적으로 우리를 치료하시고, 평화를 주시며, 능력을 주시고, 우리의 목자가 되시고, 모든 것을 준비하시는 구체적인 하나님임을 인식하지 못한다. 그냥 막연하고 피상적으로만 인식한다. 존재를 인식한다고 하지만 실감하지 못한다는 말이다. 그러나 타락한 인간들이 인식을 하든지 못하든지 관계없이 하나님은 그의 백성들에게 언제나 예외 없이 현재, 지금 이 자리에, 구체적으로 존재하시고 역사하시는 분이시다. 이것이 바로 여호와라는 성호의 핵심이다.

이제 우리는 구약에서 성전이 "내 이름을 두려고 택한 곳"(느 1:9)이란 점을 살펴보아야 한다. 성전이 여호와께서 자신의 이름을 두려고 택하신 곳이라는 사실은 솔로몬이 성전을 건축한 후에 여호와께서 솔로몬에게 하신 언약에 근거한다.

"옛적에 여호와께서 이 성전에 대하여 다윗과 그의 아들 솔로몬에게 이르시기를 내가 이스라엘의 모든 지파 중에서 택한 이 성전과 예루살렘에 내 이름을 영원히 둘지라" (왕하 21:7)

성전이 여호와의 이름을 "영원히 둘" 장소라는 점과 성전되신 예수님께서 스스로 자신을 "스스로 있는 자"라고 하신 것을 한 맥락에서 이해하는 것은 중요하다. 왜냐하면 이 두 표현이 하나의 개념을 설명해주고 있기 때문이다.

놀라운 점은 신약에서 성전이 '교회'로 이해된다는 사실이다. 사도 바울은 "너희가 하나님의 성전"(고전 3:16)이라고 언급했다. 물론 교회가 성전된 것은 성전의 실체이신 그리스도와의 연합을 통해서 얻게 된 이름이다. 에베소서 1장 23절의 말씀대로 "교회는 그의 몸이니 만물 안에서 만물을 충만하게 하시는 이의 충만함"이다.

교회가 하나님의 성전이라는 사실은 교회가 여호와의 이름을 두려고 택한 곳이라는 것을 뜻한다. 그렇다면 구원받은 성도들은 여호와의 이름이 나타나도록 택함을 받은 사람들이라고 이해해야 한다.

교회가 이런 영광스런 존재라고 한다면, 교회는 어떻게 여호와의 이름을 나타내는 존재가 되는가? 묻게 된다. 여호와의 존재하심(I AM, 현재 구체적으로 존재하심)을 그들의 현재 삶을 통해서 구현함으로 여호와의 이름을 나타낸다.

왜 교회의 이런 역할이 필요한 것인가? 타락한 세상은 여호와의 존재하심을 인식하지 못하기 때문이다. 그러므로 타락한 세상이 여호와께서 현재 구체적으로 존재하고 계신다는 것을 인식하려면 당연히 인식할 수 있는 수단이 필요하다. 그것이 바로 교회이다. 교회는 보이지 않지만 언제나 어디서나 실존하시는 하나님을 세상이 인식하도록 하신 수단이다. 마치 보이지 않는 전기가 실제로 존재한다는 것을 인식시키려면 전구와 같은 가전기구가 필요한 것과 같다.

이것을 성경에 나타난 사건들을 통해서 설명하면 이해가 더 쉽다. 구약에서 여호와의 신이 임한 사람들은 그렇지 않은 사람들과 구별된 모습을 보였다. 삼손에게 여호와의 신이 임하면 맨손으로 사자의 입을 찢고, 블레셋 군인들을 혼자서 천 명을 죽이게 되었다. 삼손에게 이런 초인적인 힘이 나옴으로써 보이지 않지만 실존하시는 하나님은 그대로 입증된다.

또 다른 예를 들면, 다윗과 골리앗의 싸움이다. 하나님은 다윗에게 여호와의 신(神)을 부어주시고 타고난 군인들도 엄두를 내지 못하는 골리앗을 물맷돌 하나로 쓰러뜨리셨다. 이로써 실제로 존재하시지만 보이지 않으시는 여호와의 이름이 드러나게 된다.

이런 사실을 잘 보여주는 신약의 성경 구절이 바로 고린도전서 1장 26-28절의 말씀이다.

"형제들아 너희를 부르심을 보라 육체를 따라 지혜로운 자가 많지 아니하며 능한 자가 많지 아니하며 문벌 좋은 자가 많지 아니하도다 그러나 하나님께서 세상의 미련한 것들을 택하사 지혜 있는 자들을 부끄럽게 하려 하시고 세상의 약한 것들을 택하사 강한 것들을 부끄럽게 하려 하시며 하나님께서 세상의 천한 것들과 멸시 받는 것들과 없는 것들을 택하사 있는 것들을 폐하려 하시나니" (고전 1:26-28)

그러나 무엇보다 신약의 성전된 교회가 지금 현재 존재하시는 하나님(여호와의 이름)을 드러내는 가장 명확한 방식은 기사와 이적이 아니다. 기사와 이적은 사탄도 얼마든지 흉내 낼 수 있다. 사탄도 하늘에서 불을 내리고, 우상에게 말을 하도록 속일 수 있다(계 13:13-15). 그러면 무엇이 현재 존재하시는 하나님(여호와의 이름)을 드러내는 가장 탁월한 수단이 되겠는가? 그것은 주의 율법을 온전히 지키는 것이다. 왜냐하면 구약에서 율법은 그 자체로 여호와의 이름으로 이해되기 때문이다. 출애굽기 34장을 보면 하나님께서 모세에게 두 번째 돌판에 십계명을 다시 새겨주시는 장면이 나온다. 여기서 5절은 이 행위를 "여호와의 이름을 선포하실새"라고 언급한다. 이는 율법이 바로 여호와의 이름에 대한 선포임을 잘 보여준다.

그러면 율법이 구체적으로 무엇인가? 그것은 하나님 사랑과 이웃 사랑이다. 바울은 사랑이 율법의 완성이라고 가르친다(롬 13:10). 뿐만 아니라 사도 요한은 "하나님은 사랑이시라"(요일 4:16)고 가르친다. 그렇다면 교회가 하나님의 이름을 세상에 선포하는 방식이 무엇인지 분명하다. 그것은 바로 주의 계명을 준수하며 하나님의 이름(영광)을 드러내는 것이다. 교회는 그리스도와 연합하여 그리스도 안에서 하나님을 사랑하고 이웃을 사랑함으로써 현재 우리의 삶 속에 실존하시는 하나님(여호와의 이름)을 드러낸다.

그런데 문제는 이 사랑을 인간적인 방식으로 이해하면 안 된다는 것이다. 사랑은 율법의 가르침에서 벗어나지 말아야 한다. 인간적인 감정을 사랑이라고 하지 말아야 한다. 동정심도 사랑이 아니다. 사랑은 반드시 율법의 가르침 안에 있어야 한다. 이런 사랑을 가장 선명하게 드러낸 사건이 바로 그리스도의 십자가 대속이다. 십자가는 하나님의 사랑을 가장 선명하고 정확하게 드러낸 사건이다. 십자가에서 하나님의 이름이 가장 선명하게 드러났다.

우리는 흔히 불신자들에게 여호와 하나님의 존재를 보여 달라는 요청을 받곤 한다. 불신자들의 이런 요청은 자칫 억지로 취급되곤 한다. 그러나 이런 요청은 빌립이 예수님께 했던 요청이기도 했다. 빌립도 예수님께 아버지를 보여 달라고 했다. 그런데 이런 요청에 대하여 예수님은 우리처럼 비난하지 않으셨다. 예수님은 빌립에게 "나를 본 자는 아버지를 보았거늘 어찌하여 아버지를 보이라 하느냐"(요 14:9)고 대답하셨다. 이는 모든 시대 교회들에게 주는 메시지다. 세상이 교회에게 하나님을 보여 달라고 할 때, 교회는 그리스도와 연합한 거룩한 삶을 통해서 거룩하신 이름을 드러낼 수 있도록 해야 한다. 이것이 우리가 줄 대답이다. 고로 교회는 세상 사람들에게 그 삶을 통해서 하나님이 지금도 살아계시고 역사하신다는 사실을 인정하도록 해야 한다.

이제 글을 마무리 하자.

서론에서 우리는 하나님께서 모세에게 "너는 이스라엘 자손에게 이같이 이르기를 스스로 있는 자가 나를 너희에게 보내셨다 하라"(출 3:14)고 말씀하신 사실을 보았다. 이 명령은 단순히 이스라엘 백성들을 설득하라는 뜻이 아니다. 하나님께서 모세에게 주신 능력을 통해 여호와 하나님이 이론에 머물러 있는 분이 아니라 지금 그들의 삶 속에 실제로 역사하시고 구원하시는 분임을 구체적으로 보이라는 뜻이다. 모세는 애굽의 바로에게 하나님의 능력을 드러내고 그들을 바로의 억압으로부터 이끌어냄으로써 "(현재)존재하는 자"를 구체적으로 나타내도록 명령 받은 것이다.

"네게 내가 애굽에서 행한 일들 곧 내가 그들 가운데에서 행한 표징을 네 아들과 네 자손의 귀에 전하기 위함이라 너희는 내가 여호와인 줄을 알리라"
(출 10:2)

☞ 여호와의 이름 정의

여호와의 이름은 하나님께서 사랑으로 우리의 현재 이 자리에 실존하시는 분이심을 의미한다. 교회는 믿음으로 이 실존을 드러내도록 부름받았다.

신
앙
은
개
념
이
다

02

하나님의 영광

02
하나님의 영광

개혁파 신학의 핵심은 하나님의 주권과 함께 하나님께 영광이라고 할 수 있다. 하나님께 영광은 라틴어로는 '솔리 데오 글로리아'(soli Deo gloria)라고 한다. 이는 개혁파 모토가 되는 '파이브 솔라'(five sola) 가운데 하나다. 기독교 신앙에서 하나님의 영광은 절대적인 위치에 있을 뿐만 아니라 기독교 신앙의 궁극적 목적이다. 그런데 문제는 하나님의 영광이 이렇게 중요하다는 점은 알면서도 정작 이 용어에 대해 심도 있게 고민하고 이해하는 사람들은 많지 않은 것 같다. 혹시 안다고 하지만 너무 피상적이다.

흔히 기독교인들 가운데 성공을 하거나 자신의 영광이 빛나는 자리에서 하나님께 영광을 돌린다고 고백한다. 스포츠 스타들이 골을 집어넣은 후에 하나님께 영광을 돌리는 골 세리머니를 하거나, 연예인들이 상을 받으면서 하나님께 영광을 돌린다고 고백하거나, 혹은 세상 사람들이 선망하는 성공을 한 사람이 하나님께 영광을 돌린다고 말하곤 한다.

유명인들의 이런 고백은 정당하며 귀한 행위이다. 그러나 하나님께 영광을 돌린다는 고백 뒤에 만일 불경건이 도사리고 있다면 이야기는 달라진다. 주일을 제대로 성수하지 않으면서 명문 대학에 들어간 아이를 둔 부모가 이 모든 것에 대하여 하나님께 영광을 돌린다고 한다면, 혹은 불법한 방법으로 성공한 사람이 자신의 성공을 하나님께 영광을 돌린다고 한다면 문제가 심각해진다.

어떤 사람은 다음과 같은 말을 하기도 한다. "어찌 됐든 예수 믿는 사람이 가난하거나, 사업에 실패하거나, 대학에서 떨어지면 하나님께 영광이 되지 않는다. 일단은 성공하고 잘 살고 출세하는 것이 하나님께 영광이 된다."

이런 말을 들을 때, 우리는 한 가지 질문을 던져야 마땅하다. 도대체 하나님의 영광이란 무엇인가? 하나님의 영광이 무엇이기에 우리는 성공해야 하나님께 영광이 되고, 부자가 되어야 하나님께 영광이 된다는 말인가? 왜 실패하면 하나님께 영광이 안 되고, 가난하면 하나님께 영광이 안 되며, 병 고침 받지 못하면 하나님께 영광이 안 된다고 생각하는가?

만일 이 말이 옳다면 평생 가난 속에서 살고, 고난과 박해와 질병을 짊어지며 살아갔던 우리 경건한 선배 신앙인들의 인생은 하나님께 영광이 되지 못한다는 말인가? 바울은 육체의 가시를 제거해 달라는 기도를 거절당했다. 예수님은 "여우도 굴이 있고 공중의 새도 거처가 있으되 인자는 머리 둘 곳이 없다"(마 8:20)고 하셨다. 그러면 이들은 하나님께 영광이 되지 못한 것인가? 한국 교회는 과연 하나님의 영광이란 용어가 구체적으로 무엇인지 알고 사용하는지 질문을 던져보아야 한다.

구약과 신약에서 하나님의 영광이란 어떤 의미로 사용되었는가? 구약에서 '영광'이란 단어는 히브리어로 '카보드'(כָּבוֹד)라고 한다. 신약에서는 헬라어로 '독사'(δόξα)라고 한다. 이 단어는 그 용법상 다양하게 사용된다. '풍성함'의 의미로 사용되기도 하고, '당당함', '명성' 등으로 사용되기도 한다. 그러나 좁은 지면상 이런 다양한 용법을 다 설명할 수는 없다. 단지 구약과 신약에서 '영광'이란 단어가 이런 다양한 의미로 사용되고 있다는 정도로만 이해하도록 하자. 우리는 여기서 단지 교회에서 '하나님의 영광'이란 용어가 사용되는 핵심 개념에만 관심을 갖도록 하자.

첫 번째로 대부분의 교인들이 "하나님께 영광을 돌린다"고 하는 흔한 용례를 살펴보자. 이 표현의 일차적인 의미는 하나님께 '영예', '존경', '지위'를 돌려드린다는 뜻이다. 다시 말해서 자신에게 주어진 영예와 존경과 지위가 자신의 힘이 아닌 하나님의 은혜로 주어진 것이라고 고백하는 것이다.

이 고백 속에는 아주 중요한 의미가 내포되어 있다. 이는 자신의 영예와 존경과 지위가 하나님의 뜻대로 순종하고 따르는 가운데 하나님으로부터 주어진 선물이라고 고백하는 것이다. 따라서 우리가 만일 자신에게 주어진 영예와 존경과 지위가 주일성수나 기도와 같은 개인 경건을 적당히 타협하고, 불법과 속임수를 통해서 주어진 것이라고 한다면 하나님은 불법을 통해 이런 것들을 주시는 분이라고 고백하는 것이 된다. 분명한 사실은 불법과 불경건을 통해서 세상으로부터 영예와 존경과 지위가 주어지는 것을 바울은 이 세상 임금, 마귀가 죄의 삯으로 주는 것이라고 언급하고 있다는 점이다.

> "죄의 삯은 사망이요 하나님의 은사는 그리스도 예수 우리 주 안에 있는 영생이니라" (롬 6:23)

그러므로 이런 식으로 감히 "하나님께 영광을 돌린다"고 해서는 안 된다. 왜냐하면 이 말은 하나님을 불법하고 거룩하지 못한 신(神)으로 만드는 것이 되기 때문이다. 도리어 하나님의 이름을 더럽히는 것이 되고 만다. 따라서 자신의 영예와 존경과 지위를 하나님께 돌린다고 고백하려면 그 취득 과정이 반드시 거룩해야 한다.

두 번째로 "하나님께 영광을 돌린다"는 말은 하나님께서 주신 영예와 존경과 지위를 독식하지 않겠다는 의미이다. 이 말은 자신에게 주어진 영예와 존경과 지위를 자신의 영광과 만족과 욕심을 위해 사용하지 않고 하나님의 이름을 존귀하게 높이는 데 사용하겠다는 뜻이다.

간혹 어떤 연예인은 음란한 영화나 성경의 가치를 심하게 훼손하는 영화를 찍고 상을 받으면서 하나님께 영광을 돌린다고 말하는 경우가 있다. 이는 하나님께 영광을 돌리는 것이 아니라 도리어 하나님의 영광을 훼손하는 것이다.

특히 하나님께 자신의 영예와 존경과 지위를 돌려드린다고 고백을 한 사람이, 자신의 영예와 존경과 지위를 하나님의 뜻대로 사용하지 않고 불법과 죄악을 위해 사용하는 것은 더 심각한 문제다. 이런 사람은 하나님께 영광을 돌린다는 고백이 자기의 명예와 존경과 지위를 하나님께 대한 봉사와 이웃에게 사랑을 실천하겠다는 고백이라는 점을 알지 못하는 것이다. 이런 사람은 십계명의 제3계명, "여호와의 이름을 망령되이 일컫지 말라"는 명령을 범하고 있는 것이다.

세 번째로 "하나님께 영광"이라는 말은 '하나님의 거룩한 속성과 성품을 나타내는 것'을 의미한다. 우리가 알고 있는 것처럼 하나님은 영이시다. 영이신 하나님은 사람들의 눈에 보이지 않으신다(신 4:15). 그러므로 인간이 의도적으로 하나님의 영광을 어떤 형상으로든지 새겨 만드는 것은 우상으로 간주된다(신 4:16). 이 말씀은 하나님의 영광을 인간의 수단과 방법으로 나타낼 수 없다는 말이다. 하나님은 '오로지 당신의 방식으로만' 당신의 영광을 스스로 드러내실 뿐이시다. 그렇게 하나님께서 자신의 영광을 스스로 드러내시는 방식 가운데 하나가 바로 피조물을 통해서 눈에 보이지 않으시는 당신의 거룩하신 속성과 성품(영광)을 드러내시는 것이다.

시편 19편 1절을 보면 "하늘이 하나님의 영광을 선포하고 궁창이 그의 손으로 하신 일을 나타내는도다"고 말한다. 뿐만 아니라 바울도 로마서 1장

20절에서 "창세로부터 그의 보이지 아니하는 것들 곧 그의 영원하신 능력과 신성이 그가 만드신 만물에 분명히 보여 알려졌나니 그러므로 그들이 핑계하지 못할지니라"고 가르친다.

이 세상의 모든 피조물들은 이렇게 하나님의 거룩하신 속성과 성품을 드러낸다. 이를 통해서 하나님의 영광이 나타난다.

그러나 피조물들이 하나님의 영광을 나타낸다고 할지라도 인간만큼 하나님의 영광을 선명하게 드러내지 못한다. 왜냐하면 하나님은 인간만 "자기 형상 곧 하나님의 형상대로 사람을 창조"(창 1:17)하셨기 때문이다. 인간만 보이지 않는 하나님의 영광(속성과 성품)을 가장 선명하게 드러내도록 창조된 특별한 존재이다.

이와 관련하여 조직신학은 인간이 하나님과 공유하는 속성을 부여받았다고 가르친다. 웨스트민스터 소교리문답(고려서원, 2005, 23) 제4문을 보면 "하나님은 영이시요, 그의 존재하심과 지혜와 권능과 거룩하심과, 공의와 선하심과 진실하심이 무한하시고 영원하시며 불변하십니다."라고 가르친다.

여기서 교리문답은 인간과 하나님이 '존재와 지혜와 능력과 거룩과 정의와 선함과 진실함'을 공유하고 있다고 내포한다. 이것을 통해 하나님의 영광을 드러낸다. 여기서 인간과 하나님의 차이가 있다면 인간은 존재와 능력과 거룩과 정의와 선함과 진실함이 '유한하고, 일시적이고 가변적'이라면, 하나님은 "무한하시고, 영원하시며, 불변하시다"는 것이다. 이것이 피조물 된 인간과 하나님의 속성의 차이이다.

그럼에도 불구하고 하나님은 신자와 연합하여 하나님만의 영광스런 속성을 드러내도록 하셨다. 하나님은 이렇게 우리와 공유하는 속성을 통해서 하나님의 영광스런 속성을 나타내도록 의도하신 것이다. 하나님은 이렇게 하나님의 독특한 방법으로 자신의 영광을 드러내시길 기뻐하신다.

요한복음 14장 9절을 보면 마지막 아담으로 오신 예수님은 아버지 하나님을 보여 달라고 요구하는 빌립에게 "나를 본 자는 아버지를 보았거늘 어찌하여 아버지를 보이라 하느냐"고 하셨다. 흥미로운 사실은 이 개념이 그의 택한 백성들에게도 그대로 요구된다는 사실이다.

예수님의 제사장적 기도는 이런 사실을 아주 잘 설명해주고 있다.

"아버지여, 아버지께서 내 안에, 내가 아버지 안에 있는 것 같이 그들도 다 하나가 되어 우리 안에 있게 하사 세상으로 아버지께서 나를 보내신 것을 믿게 하옵소서 내게 주신 영광을 내가 그들에게 주었사오니 이는 우리가 하나가 된 것 같이 그들도 하나가 되게 하려 함이니이다" (요 17:21-22)

여기서 예수님은 교회에게 "내게 주신 영광을 내가 그들에게 주었사오니"라고 하신다. 이는 그리스도 안에 있는 아버지의 거룩하신 속성과 성품을 교회에게도 주셨다는 뜻이다. 이런 사실은 구약과 신약에서 "내가 거룩하니 너희도 거룩하라"(레 11:45; 고전 3:17; 벧전 1:16)는 명령이 반복되어 나타난다는 점에서 더욱 분명하다.

그러면 보이지 않는 하나님의 거룩하신(구별된) 속성과 성품이 어떻게 그리스도인들을 통해서 나타난다는 것인가?

이 부분을 아주 명확하게 잘 보여주는 것 가운데 하나가 바로 십자가 사건이다. 요한복음 12장을 보면 예수님은 십자가의 모진 수난을 앞두시고 "인자가 영광을 얻을 때가 왔도다"(요 12:23)고 말씀하셨다. 그리고 십자가의 수난을 고뇌하면서 예수님은 "아버지여, 아버지의 이름을 영광스럽게 하옵소서"라고 탄식하며 기도하셨다. 이에 대한 아버지 하나님의 응답은 "내가 이미 영광스럽게 하였고 또다시 영광스럽게 하리라"(요 12:28)는 것이었다.

여기서 '영광'이 무엇을 의미하는지는 너무도 분명하다. 그것은 바로 십자가 사건을 말한다. 십자가 사건을 통해서 보이지 않으시는 하나님의 영광을 나타내게 될 것이라고 하신다.

따라서 십자가야말로 하나님의 영광과 관련한 가장 핵심적인 관점이다. 왜냐하면 십자가야말로 하나님의 영광(거룩한 속성과 성품)을 하나님의 방식대로 스스로 드러내는 것이기 때문이다. 하나님의 방식대로 영광을 드러내지 않고 인간들이 자신들의 방식으로 하나님의 영광을 나타내려는 행위는 우상 숭배일 뿐이다. 마치 황금 송아지를 만들고 "이스라엘아 이는 너희를 애굽 땅에서 인도하여 낸 너희의 신이로다"(출 32:4)고 하는 것과 같다.

하나님의 영광은 오직 하나님 스스로의 자기 계시를 통해서만 바르게 드러날 뿐이다. 이렇게 하나님 스스로의 자기 계시로 작정하신 것이 바로 '십자가'다. 십자가야말로 하나님께서 교회를 통해 자신의 영광을 드러내시는 방식이다. 물론 어떤 사람들의 눈엔 미련하게 보이고, 어떤 사람들에겐 걸림돌이 되더라도 말이다(고전 1:18).

그러므로 주님은 "자기 십자가를 지고 나를 따르지 않는 자도 내게 합당하지 아니하니라"(마 10:38)고 하셨다. 바울도 "내가 너희 중에서 예수 그리스도와 그가 십자가에 못 박히신 것 외에는 아무 것도 알지 아니하기로 작정하였음이라"(고전 2:2)고 했다. 십자가야말로 보이지 않는 하나님의 영광을 세상에 보이는 가장 탁월한 방식이다. 이러한 사실을 마태복음 27장 54절은 아주 명확하게 잘 보여준다. 여기서 백부장과 함께 예수님을 지키던 자들이 예수님의 십자가 사건을 목격하며 다음과 같이 고백한다.

"백부장과 및 함께 예수를 지키던 자들이 지진과 그 일어난 일들을 보고 심히
두려워하여 이르되 이는 진실로 하나님의 아들이었도다 하더라" (마 27:54)

그들은 십자가에서 죽으신 예수님을 보고 "이는 진실로 하나님의 아들이 었도다"라고 한다. 그들은 기적을 보고 이 고백을 한 것이 아니다. 십자가에서 하나님의 영광을 선명하게 본 것이다.

마지막 네 번째로 '하나님의 영광'이란, 사람은 할 수 없고 하나님만 하실수 있을 때 나타난다. 구약 성경을 보면 하나님은 모세에게 초자연적인 기적을 일으키도록 명령을 하신 후에 "이로 인하여 나를 여호와인 줄 알리라"고 말씀하신다. 구약에서 "나를 여호와인 줄 알리라"는 표현은 인간의 힘으로 도무지 흉내를 낼 수 없는 기적이나, 혹은 이스라엘의 힘으로는 도무지 이길 수 없는 엄청난 대적들을 하나님께서 물리치실 것을 약속하시면서 주시는 표현이다. 이 표현은 하나님의 자기 계시적 표현이다.

이것은 이방인들이 섬기는 우상과 구별됨을 보여준다. 사무엘상 2장 2절을 보면 "여호와와 같이 거룩하신 이가 없으시니 이는 주 밖에 다른 이가 없고 우리 하나님 같은 반석도 없으심이니이다"고 했다. 또한 역대상 17장 20절에서 "여호와여 우리 귀로 들은 대로는 주와 같은 이가 없고 주 외에는 하나님이 없나이다"라고 한다. 이런 고백을 받는 것이 바로 하나님의 영광을 나타내는 것이다.

이것은 모든 시대 모든 교회에게 요구되는 명령이기도 하다. 교회는 세상과 구별됨으로 하나님의 영광을 드러낸다. 교회가 사람의 작품이 아니라 하나님의 작품이라는 것은 세상이 흉내 낼 수 없는 구별됨 속에서 나타난다.

　세상 사람들이 흉내 낼 수 없는 도덕성, 지혜, 사랑, 강인함, 인내, 자기 희생 등이 나타날 때, 비로소 "여호와인 줄 알리라"는 말씀이 세상에 응하게 된다. 어느 시대든지 세상 사람들이 기독교를 신비롭게 보았던 이유가 바로 여기에 있었다.

　자연인들은 인간 본성의 힘으로 불가능한 삶을 기독교인이 살아내는 것을 볼 때, 어떻게 저런 삶이 가능한지 의문을 품게 된다. 그래서 불신자들은 기독교인들을 향하여 묻는다. "나도 예수 믿으면 당신 같이 살 수 있느냐"고 말이다. 하나님의 영광은 이렇게 사람은 할 수 없고 하나님만 하실 수 있는 불가사의(不可思議)한 탁월함으로 나타난다. 이것이 바로 구별됨의 중요한 요소이다.

　오늘날 교회의 문제점은 세상이 얼마든지 흉내 낼 수 있을 뿐만 아니라, 세상과 너무도 흡사하다는 데 있다. 종교 사기꾼도 얼마든지 흉내 낼 수 있는 것이 교회라면 그 교회가 하나님의 영광을 드러내는 존재라고 보기엔 어려움이 있다. 교회는 하나님의 영광스런 신적인 가장 위대한 창조물이다. 그렇다면 인간의 수단과 방법으로 모방이 불가능해야 정상이다. 그런데 그렇지 못하다는 것은 심각한 문제가 아닐 수 없다.

　하나님의 영광은 구별됨에 있다. 세상의 방식으로는 결코 흉내 낼 수 없는 본성적인 탁월함이 나타나야 한다. 그런 교회는 세상이 감당할 수 없었다.

그러면 그것이 구체적으로 무엇인가?

히브리서 11장은 하나님의 영광을 나타내는 탁월한 교회의 모습을 다양하게 언급했다. "믿음으로 아벨은 가인보다 더 나은 제사를 하나님께 드림으로 의로운 자라 하시는 증거를 얻었다"(4절)고 한다. 이는 오늘날 바리새적이고 위선적 예배와 대조적인 영과 진리의 예배를 보여준다.

또 "믿음으로 노아는 아직 보이지 않는 일에 경고하심을 받아 경외함으로 방주를 준비하여"(7절)라고 한다. 이는 하나님의 영광을 나타내는 사람들은 아직 보이지 않는 일에 경고를 받아 항상 하나님을 경외하며 영원한 심판을 대비하는 삶을 살아간다는 말이다. 이것이 없으면 그는 도살당하기 위해 태어난 짐승과 같다.

"믿음으로 모세는 장성하여 바로의 공주의 아들이라 칭함 받기를 거절하고 도리어 하나님의 백성과 함께 고난 받기를 잠시 죄악의 낙을 누리는 것보다 더 좋아"(24-25절) 했다고 한다. 이는 십자가의 삶을 보여준다. 본성적으로 우리는 자신을 위한 것이 아니면 스스로 고난을 선택하기 싫어한다. 특히 하나님이나 이웃을 위해 고난 받는 일은 더욱 싫어한다. 여기서 구별됨이 나타난다.

그 외에도 히브리서 기자는 구체적인 예를 더 많이 들었다.

"믿음으로 나라들을 이기기도 하며 의를 행하기도 하며 약속을 받기도 하며 사자들의 입을 막기도 하며 불의 세력을 멸하기도 하며 칼날을 피하기도 하며 연약한 가운데서 강하게 되기도 하며 전쟁에 용감하게 되어 이방 사람들의 진을 물리치기도 하며 여자들은 자기의 죽은 자들을 부활로 받아들이기도 하며 또 어떤 이들은 더 좋은 부활을 얻고자 하여 심한 고문을 받되 구차히 풀려나기를 원하지 아니하였으며 또 어떤 이들은 조롱과 채찍질뿐 아니라 결박과 옥에 갇히는 시험도 받았으며 돌로 치는 것과 톱으로 켜는 것과 시험과 칼로 죽임을 당하고 양과 염소의 가죽을 입고 유리하여 궁핍과 환난과 학대를 받았으니 (이런 사람은 세상이 감당하지 못하느니라)" (히 11:33-38)

이것이 바로 하나님의 영광을 나타낸다는 말의 의미이다.

> ☞ **하나님의 영광의 정의**
>
> 하나님의 영광이란 세상과 구별된 하나님의 하나님 되심을 드러내는 것이다.

신앙은 개념이다

03

임재

03
임재

성경에서 '임재'라는 단어가 개역 성경에서 구체적으로 번역된 부분은 발견할 수 없다. 최근 개역개정 성경에서는 에스겔 37장 1절에서 "여호와께서 권능으로 내게 임재하시고"라고 번역하고 있는 것이 전부다. 그러나 여기서 '임재'로 번역된 부분도 굳이 임재로 번역될 만한 부분은 아니다. 왜냐하면 여기서 '임재'에 해당하는 히브리어 '하야'(הָיָה)가 영어로 'is'에 해당하기 때문이다. 따라서 NIV 성경은 이 구절을 "The hand of the LORD was upon me"(여호와의 손이 내 위에 계시매)라고 번역했는데, 이는 원문에 충실한 번역이라고 할 수 있다.

그러나 성경에 '임재'라는 단어가 이렇게 구체적으로 나오지 않는다고 해서 이 단어가 성경과 무관한 용어는 아니다. 도리어 이 용어는 성경을 이해하는 데 아주 특별히 중요하다. 뿐만 아니라 이 용어는 우리의 경건과 직결된 용어다. 이는 칼빈^{Calvin}이 개혁파 성찬론을 '영적 임재설'(spiritual presence)이란 표현을 사용한 것에서도 잘 나타난다. 뿐만 아니라 오늘날 우리가 흔히 말하는 부흥을 이해하는 데 있어서도 임재는 반드시 바르게 이해해야 할 핵심 용어다.

그러면 '임재'란 과연 무엇인가?

상당수의 사람들이 임재를 영적인 어떤 직관적 느낌으로 생각하는 경향이 있다. 찬양을 하는 가운데 뜨겁거나 혹은 따뜻한 어떤 분위기라고 생각한다. 그래서 사람들은 임재를 주로 성령님의 역사로만 이해한다.

물론 임재가 어떤 분위기나, 혹은 느낌을 제공하지 않는다는 것은 아니다. 또 이것이 성령의 역사와 매우 밀접하다는 점도 틀리지 않다. 그러나 임재를 이런 식으로만 생각할 경우, 그 임재가 성령의 역사인지 미혹의 영의 역사인지, 아니면 사람들이 임의로 조작해 낸 감정적 분위기인지 분별하기 어려워진다. 또는 사람들에게 심각한 혼란을 야기하게 된다. 왜냐하면 사탄도 얼마든지 따뜻하거나 뜨거운, 혹은 감동적인 분위기를 만들어 낼 수 있고, 혹은 중세시대처럼 음악이나 사람의 마음을 압도하는 건축물, 혹은 스테인드 글라스와 성물들을 통해서 임재를 사람의 임의로 얼마든지 조작할 수 있기 때문이다.

실제로 교회사 안에서 이런 거짓 임재는 끊임없이 출연했고, 그 속임수로 말미암아 많은 사람들이 미혹을 당했다. 우리는 사탄이 거짓의 아비이며, 자신을 얼마든지 광명의 천사로 가장할 수 있는 존재라는 점을 잊어서는 안

된다. 어느 시대든지 사탄이 신자들을 미혹하는 데 가장 많이 사용한 방법은 악마의 모습이 아니라 천사의 모습이었다(고후 11:14). 이리의 모습이 아니라 양의 모습이다(마 7:15). 마귀의 모습이 아니라 그리스도의 모습이다(마 24:5). 사도 바울도 다른 영, 다른 예수, 다른 복음으로 미혹당하지 않도록 경고했다(고후 11:4). 따라서 느낌이나 분위기, 혹은 현상만으로 그 임재가 진정한 하나님의 임재인지 분별하기는 어렵다.

그렇다면 성경이 가르치는 임재란 과연 무엇인지 알아보자.

먼저 임재란 영어 단어 'presence'가 잘 설명해주고 있는 것처럼, 하나님이 '오심'이라고 할 수 있다. 그러나 이것은 단순히 오심이 아니다. 하나님께서 자신을 나타내신 것이다. 그래서 임재는 '나타내심'이라고 이해하는 것이 타당하다. 하나님은 온 우주에 충만하시기 때문에 굳이 오시거나 떠나실 필요가 없기 때문이다. 하나님은 어느 곳에든지 아니 계신 곳이 없다. 그러나 그 하나님은 자신을 구체적으로 사람들에게 드러내시지 않으면 사람들이 인식할 수 없다. 이는 마치 공기 중에 수분이 가득하지만 비가 올 때, 비로소 공기 중에 수분이 가득하다는 것을 인식할 수 있는 것과 마찬가지다. '오심'이라는 의미를 가지고 있는 '임재'는 이런 차원에서 '나타나심'으로 이해하는 것이 더 타당성이 있다.

임재를 이렇게 이해하는 것이 타당하다는 사실은 창세기 28장에서 하나님의 임재를 본 야곱의 고백에서 잘 나타난다. 야곱은 에서를 피해 도망가던 중에 벧엘에서 잠이 들었다. 그는 꿈에서 하늘 꼭대기에 닿아 있는 사다리로 하나님의 사자들이 오르내리는 것과 그 위에 여호와께서 서서 말씀하시는 것을 보게 된다. 이 꿈을 꾼 야곱이 잠을 깬 후에 "이르되 여호와께서 과연 여기 계시거늘 내가 알지 못하였도다"(창 28:16)라고 고백한다.

임재란 하나님께서 한 장소에서 다른 한 장소로 우리에게 오시는 개념이 아니다. 이렇게 이해하는 것은 하나님의 무소부재하심의 속성에 위배된다. 하나님은 어느 곳에나 계시기 때문에 굳이 오셔야 할 필요가 없다. 고로 임재란 우리가 감각적으로 하나님께서 한 장소에서 우리가 있는 장소로 오시는 것으로 느끼는 것일 뿐이다. 사실은 어느 곳에나 계신 하나님께서 자신을 우리에게 인식할 수 있도록 나타내시는 것일 뿐이다.

이런 현상은 인간 타락이 가져온 결과이다. 인간이 타락하기 이전에는 하나님께서 온 세상에 임재하심을 항상 인식할 수 있었다. 타락 이전의 아담과 하와는 바람 소리, 천둥 소리 같은 자연 현상 속에서도 얼마든지 하나님을 인식할 수 있었다. 하나님의 임재는 호흡처럼 자연스러운 것이었다. 이렇게 하나님의 임재가 온 세상에 충만하다는 사실은 이사야서 6장 3절에서 "거룩하다 거룩하다 거룩하다 만군의 여호와여 그의 영광(임재)이 온 땅에 충만하도다 하더라"고 한 말씀만 보더라도 얼마든지 알 수 있다.

그러면 구체적으로 하나님의 임재가 나타나는 방식이 무엇인지 살펴보자.

구약에서 하나님의 임재는 다양한 방식으로 나타났다. 예를 들어, 창세기의 족장들에게는 음성이나 사람의 모습으로 나타나기도 했다. 모세에게는 가시 떨기나무에서 불로써 자신의 임재를 나타내셨다. 그 이후에는 구름 기둥과 불 기둥, 천둥과 번개 등으로 나타내셨으며, 왕국 시대에 와서는 선지자들을 통한 말씀, 환상, 꿈과 같은 것으로 임재를 나타내셨다. 때로는 당나귀와 같은 짐승의 입을 통해서 말씀하심으로 당신의 임재를 나타내셨다.

특히 주목할 만한 하나님의 임재는 십계명 돌판이다. 십계명 돌판은 하나님께서 친히 손으로 율법을 새겨주신 것이다. 이 두 돌판은 종종 '하나님 자신'으로 불렸다. 예를 들어, "또 모세가 아론에게 이르되 항아리를 가져다가 그 속에 만나 한 오멜을 담아 여호와 앞에 두어 너희 대대로 간수하라"(출 16:33)이다. 여기서 만나 한 오멜을 담은 항아리를 "여호와 앞에" 두었다고 하는데, 이는 십계명 돌판이 담긴 법궤 안에 두라는 뜻이다. 이 사실은 그 다음 구절에서 "아론이 여호와께서 모세에게 명령하신 대로 그것을 증거판 앞에 두어 간수하게 하였고"(34절)라는 말씀에 잘 나타난다. 이는 십계명 돌판 자체가 여호와 하나님의 임재(하나님의 나타나심)라는 사실을 잘 입증한다.

그런데 신약에 와서 임재는 성자의 성육신으로 나타난다. 예수님의 성육신은 하나님 임재의 또 다른 방식이다. 예수님은 아버지를 보여달라는 빌립의 요구에 대하여 "나를 본 자는 아버지를 보았거늘 어찌하여 아버지를 보이라 하느냐"(요 14:9)고 하심으로 예수님의 성육신이 바로 하나님 자신의 임재임을 명확히 말씀하셨다.

그 이후에 마지막으로 가장 중요한 임재의 사건이 나타난다. 그것은 바로 오순절 성령강림 사건이다. 이것은 하나님 임재의 정점이다. 오순절에 성령님이 오신 사건은 우리가 흔히 생각하고 있는 임재의 방식이다. 그런데 여기서 오순절 성령의 임재를 오해하는 문제가 발생하였다.

상당수의 사람들이 오순절의 성령강림 사건을 하나님께서 자신을 나타내신 사건으로 이해하지 않고 이방 종교적으로 이해하곤 한다. 즉 성령의 강림을 하나님께서 신자들에게 어떤 능력이나 은사를 주신 사건 정도로만 이해한다는 것이다.

이것은 오순절 성령강림의 본질을 잘못 이해한 결과다. 오순절 성령강림의 본질은 성령께서 그리스도를 나타내심과 마찬가지로 교회를 통해서 아버지를 나타내시는 임재 방식이다. 이러한 사실을 가장 잘 설명한 구절이 바로 요한복음 16장 13-14절의 말씀이다.

"그러나 진리의 성령이 오시면 그가 너희를 모든 진리 가운데로 인도하시리니 그가 스스로 말하지 않고 오직 들은 것을 말하며 장래 일을 너희에게 알리시리라 그가 내 영광을 나타내리니 내 것을 가지고 너희에게 알리시겠음이라" (요 16:13-14)

오순절에 오신 성령님이 하시는 일의 핵심은 능력과 기사와 은사를 주시는 데 있지 않다. 물론 성령님이 오심으로 이런 현상이 나타난다. 이것을 부정하자는 것이 아니다. 그러나 핵심은 "그가 내 영광을 나타내리니"에 있다. 성령님은 자신을 나타내시기 위해 오신 분이 아니라 그리스도의 영광을 나타내심으로 결국 아버지를 나타내시기 위해 오신 분이다. 이것이 임재의 목적이다.

> "내가 아버지께로부터 너희에게 보낼 보혜사 곧 아버지께로부터 나오시는 진리의 성령이 오실 때에 그가 나를 증언하실 것이요" (요 15:26)

> "그러나 진리의 성령이 오시면 그가 너희를 모든 진리 가운데로 인도하시리니 그가 스스로 말하지 않고 오직 들은 것을 말하며 장래 일을 너희에게 알리시리라" (16:13)

그리스도의 임재와 성령의 임재는 모두 한결같이 하나님을 나타내는 데 초점을 맞추고 있다는 점이 중요하다.

임재가 하나님의 나타나심이라는 사실을 염두에 둘 때, 오늘날 가장 분명하고 강력한 임재는 바로 성경이다. 성경은 하나님께서 자신을 문자로 나타내신 것이기 때문이다. 그리고 성경과 함께 강단의 설교는 하나님 강력한 임재의 또 다른 방식이다. 설교의 근본적인 기능이 하나님을 나타내는 것이기 때문이다. 칼빈이 성경을 기록된 하나님의 말씀이라고 하고 강단의 설교를 선포된 하나님의 말씀이라고 한 것은 바로 이런 이유 때문이다. 설교의 기능은 사람을 즐겁게 하는 데 있지 않고 하나님을 나타내는 데 있다.

성경과 설교가 하나님의 가장 강력한 하나님의 임재 방식이라는 것을 알기 때문에 사탄은 어찌하든지 성경과 설교를 사람들에게서 제거하려 애를 쓰는 것이다.

물론 설교가 이렇게 하나님의 강력한 임재 방식이 되려면 성경을 성령의 조명을 받아 정확하게 설교할 때만 해당된다. 기독교 역사상 부흥이 거의 예외 없이 오늘날과 같은 찬양 집회가 아니라 성령에 붙잡힌 설교를 통해서 일어난 것은 결코 우연이 아니다. 따라서 기독교 역사 가운데 하나님을 바르게 증거하지 않는 설교는 항상 거짓 임재의 방식으로 규정된다.

아무리 강력한 임재였든, 기분을 좋게 만든 임재였든, 어떤 치유와 기적을 동반하는 것이었든, 그 임재가 하나님을 바르게 나타내는 것이 아니면 그 임재는 거짓이요, 미혹의 영임에 틀림없다.

여기서 임재와 관련하여 한 가지 생각해 볼 문제가 있다. 그것은 하나님의 임재 앞에서 일어나는 죄인들의 반응이다. 구약과 신약에서 일관성 있게 언급된 것처럼 하나님의 임재는 죄인들의 마음에 큰 두려움과 불편함을 일으켰다. 아담이 범죄한 후에 하나님의 임재는 사람들에게 두려움을 동반했다. 시내산에 임한 하나님의 임재도 이스라엘 백성들에겐 큰 두려움을 동반했다. 이런 현상은 선지자들을 통해 하나님의 말씀이 대언되는 임재에서도 동일하게 나타났는데, 대부분의 왕들에게 큰 두려움과 불편을 가져다 주었다.

신약에 와서도 이런 사실은 다르지 않다. 말씀과 성령으로 임재(하나님의 나타나심)가 있는 곳에는 항상 회중들의 두려움과 불편함이 동반되었다. 베드로가 설교를 통해서 하나님의 임재를 드러냈을 때 삼천 명이 회개를 하며 세례를 받았지만, 그들은 "형제들아 우리가 어찌할꼬"(행 2:37) 하며 가슴을 치며 고통스러워했다. 스데반의 설교는 하나님의 임재에 대한 죄인들의 반응을 더욱 선명하게 보여주었다. 설교를 통해 하나님의 임재를 대면한 사람들은 "큰 소리를 지르며 귀를 막고 일제히 그에게 달려들어 성 밖으로 내치고 돌로"(행 7:57-58) 치는 모습으로 반응했다.

이러한 성경의 증거는 오늘날 상당수의 기독교인들이 하나님의 임재를 어떤 행복한 감동이나, 기분이 좋아지는 것으로 이해하는 것과는 거리가 아주 멀다. 찬양을 통해서 감동을 받았다거나, 은사 집회나 내적 치유 사역으로 위로와 힐링(healing)을 경험했다는 것은 성경적인 하나님의 임재와는 거리가 멀다.

마지막으로 우리가 관심을 가져야 할 것이 있다. 그것은 하나님께서 자신을 나타내시는 임재의 목표가 무엇인가 하는 것이다. 결론적으로 말한다면 그 목표는 사람들이 하나님 자신의 임재 방식이 되도록 하는 데 있다. 이러한 사실을 잘 보여주는 것이 바로 창세기 1장 27절의 말씀이다.

"하나님이 자기 형상 곧 하나님의 형상대로 사람을 창조하시되 남자와 여자를 창조하시고" (창 1:27)

이 유명한 구절은 인간이 하나님의 영광의 반영으로 창조되었다는 사실을 보여준다. 하나님의 영광의 반영이라는 말은 하나님의 임재 방식이라는 말이기도 하다. 인간은 보이지 않는 하나님께서 이 세상에 자신을 나타내시는 방식으로 창조하신 독특한 피조물이다.

흥미로운 점은 '하나님의 형상'(Imago Dei)이란 표현이 고대 근동 지방에서 왕들이 자기의 통치 영역을 표시하는 방식이었다는 사실이다. 좀 더 구체적으로 말한다면 고대 근동 지방의 어떤 왕이 특정한 지역을 정복했을 때, 그 정복한 땅이 그 왕의 통치 영역이라는 사실을 나타내기 위해 왕이 자기의 형상을 만들어서 그 지역에 세워 놓는 것이었다.

마찬가지로 하나님의 형상대로 사람을 만드셨다는 것은 하나님의 통치 대리인으로 인간을 창조하셨다는 말이다. 사람은 하나님의 임재 방식으로 창조된 존재로서, 하나님의 통치를 구현한다. 따라서 인간이 하나님의 임재 방식이라는 말은 '하나님의 통치'와 같은 개념이다.

하나님의 임재가 있는 곳에는 반드시 하나님의 통치가 구현된다. 이런 사실을 예수님은 "내가 하나님의 성령을 힘입어 귀신을 쫓아내는 것이면 하나님의 나라가 이미 너희에게 임하였느니라"(마 12:28)는 말씀으로 가르치셨다. 이런 사실은 바울이 "주는 영이시니 주의 영이 계신 곳에는 자유가 있느니라"(고후 3:17)고 한 가르침에도 잘 나타난다.

이런 관점에서 볼 때, 성령의 임재로 가득하다고 주장하는 찬양 집회가 성령의 임재라고 볼 수 있는지 생각해 볼 노릇이다. 왜냐하면 오늘날 찬양 집회는 뜨거운 노래와 춤과 환호가 동반되지만, 상당수의 집회에서 진리가 무시되고 거룩함과 자기 부인을 찾아보기 힘들기 때문이다. 뜨겁게 찬양하지만 하나님께서 그들을 통치하신다는 것을 확신하기 어려운 경우가 많다. 이런 모습은 거의 출애굽기 32장의 황금 송아지를 향해 "이는 너희를 애굽 땅에서 인도하여 낸 너희의 신이로다"(4절)라고 하며 먹고 마시며 일어나 춤추던 모습을 떠올리게 한다(6절).

인간의 타락은 이렇게 하나님의 임재와 다른 임재를 분별하지 못한다. 그 이유는 타락한 인간에게 주어진 하나님의 형상이 훼손되었기 때문이다. 그래서 인간은 더 이상 하나님의 임재 방식이 아닌 상태가 되었다. 하나님의 임재 방식이 아니라는 말은 인간이 더 이상 하나님의 통치 대리인이 아니라는 말이기도 하다. 이제 자기 숭배를 여호와 하나님이라고 부르며 섬기게 된 것이다.

이러한 인간을 구원하시기 위해서 하나님께서 하신 첫 번째 일이 '율법'을 주신 것이다. 율법은 앞에서 언급한 것처럼 하나님의 임재 방식 가운데 하나다. 그런데 히브리인들이 율법을 거절했다. 율법을 거절했다는 말은 하나님의 통치를 거부했다는 말이면서 동시에 하나님의 임재를 마음속에 받아들이기를 거부했다는 말이다. 하나님의 임재를 거부한 사람에겐 결코 하나님의 임재 방식으로서 하나님의 형상이 나타나지 않는다. 이것이 구약

시대 이스라엘의 비극이었다.

그러므로 선지자 예레미야는 메시아의 도래를 통해서 하나님의 임재인 율법이 신자의 마음에 새겨지고, 그들은 하나님의 임재 방식이 될 것이라고 예언했다.

"그러나 그 날 후에 내가 이스라엘 집과 맺을 언약은 이러하니 곧 내가 나의 법을 그들의 속에 두며 그들의 마음에 기록하여 나는 그들의 하나님이 되고 그들은 내 백성이 될 것이라 여호와의 말씀이니라" (렘 31:33)

은혜의 시대가 도래하면 하나님은 율법을 "그들의 속에 두며 그들의 마음에 기록" 하실 것이다. 이것을 보혜사 성령님이 하신다. 구원은 성령님의 내주하심이며, 성령님의 내주하심은 하나님의 임재 방식인 율법이 마음에 새겨진다는 것을 의미한다. 이것을 모세는 마음의 할례라고 가르쳤다(신 30:6). 신약의 신자들은 마음에 하나님의 임재를 경험한 사람들이며, 이것을 다른 말로 '임마누엘'(하나님이 우리와 함께 하심)이라고 한다. 그리하여 신자는 하나님의 임재 방식이 된다. 이를 통해서 하나님은 옛 아담을 통해서 기대하셨던 아담의 기능을 마지막 아담이신 예수님을 통해서 회복하신다.

여기서 구원에 대해 잠시 생각해 보아야 한다.

신약에서 구원이란 하나님께서 자신을 나타내셨을 때(임재하셨을 때), 그 나타내심(임재)을 거부하지 않고 믿음으로 받아들이는 방식으로 이루어진다. 무엇보다 신약에서 하나님은 기록된 말씀이나 설교로 임재(자신을 나타내심)하신다. 하나님께서 말씀으로 자신을 나타내셨을 때(임재하셨을 때) 성령님은 그 임재를 우리 안으로 가져오신다. 여기서 십자가의 위치가 중요하다. 십자가는 우리로 하여금 우리의 옛 형상을 부인하게 하여 더 이상 자신을 드러내지 않고 그리스도를 드러내도록 한다. 이렇게 해서 그리스도인은 십자가를 통해 하나님의 임재 방식이 된다. 말씀은 자기를 부인하는 근거가 되기 때문에 말씀 없이 십자가를 말할 수 없다.

그러므로 "너희가 거듭난 것은 썩어질 씨로 된 것이 아니요 썩지 아니할 씨로 된 것이니 살아 있고 항상 있는 하나님의 말씀으로 되었느니라"(벧전 1:23)는 베드로의 교훈은 이러한 사실을 잘 가르쳐준다. 뿐만 아니라 바울이 데살로니가 교회를 향하여 "하나님의 사랑하심을 받은 형제들아 너희를 택하심을 아노라 이는 우리 복음이 너희에게 말로만 이른 것이 아니라 또한 능력과 성령과 큰 확신으로 된 것임이라"(살전 1:4-5)고 한 말씀 속에 더욱 잘 나타난다.

이렇게 하여 하나님은 외적으로 임재하시고, 그 임재를 성령으로 우리 안에 거하게 하심으로 우리로 하여금 교회를 하나님의 임재 방식이 되게 하신다. 다른 말로 하나님의 형상이 회복된다는 말이다.

여기에 묵상(meditation)이 동반된다는 점을 놓치지 말아야 한다. 묵상은 하나님의 임재가 우리 심령 안에 거하여 외부로 표출되는 방식이다.

임재의 핵심은 묵상에 있다.

잠언에서 "모든 지킬 만한 것 중에 더욱 네 마음을 지키라 생명의 근원이 이에서 남이니라"(잠 4:23)고 했다. 이는 묵상이 하나님의 임재의 핵심이라는 사실을 잘 보여준다.

문제는 묵상이 우리 맘대로 되지 않는다는 데 있다. 우리가 원할지라도 우리의 마음은 육신적인 것들에 마음을 쉽게 빼앗긴다. 그래서 주님께서 우리에게 주신 것이 바로 기도와 성찬과 찬양이다. 이 모든 것은 묵상을 돕는 것이다. 따라서 묵상과 관계없는 기도와 성찬과 찬양은 종교적 껍질이요, 종교적 유흥에 불과하다. 오늘날 의미도 모르는 성찬과 가사의 묵상 없는 감정적 찬양과 하나님께 대한 열망 없는 기도는 기독교의 타락을 잘 보여준다.

무엇보다 강력한 기도는 강력한 묵상을 동반한다. 토마스 맨톤^{Thomas} ^{Manton}은 말하기를 "말씀은 묵상에 힘을 주고, 묵상은 기도를 힘있게 한다."고 했다. 그는 또 말하기를 "묵상이 생소한 사람은 자신에 대해서도 생소하다."고 했다. 토마스 왓슨^{Thomas Watson}도 묵상의 중요성에 관해 "그리스도인을 만드는 것은 바로 묵상이다."라고 가르쳤다. 성령은 기도를 통해서 우리의 묵상을 강력하게 한다. 그리하여 우리의 외부에 나타난 하나님의 임재

를 우리의 심령에 강력하게 들여오신다.[2]

묵상이 약해지는 이유는 항상 강력한 기도의 결여 때문이며, 동시에 강력한 기도는 깊은 묵상을 통해 가능하게 한다. 깊은 묵상을 원한다면 강력한 기도를 해야 하며, 강력한 기도를 원한다면 깊은 묵상을 해야 한다. 다윗이 복 있는 사람은 "오직 여호와의 율법을 즐거워하여 그의 율법을 주야로 묵상하는도다"(시 1:2)라고 한 말은 바로 이를 염두에 둔 말이다.

따라서 임재란 단순히 우리의 기분이 좋아지거나 어떤 능력이 임하는 그런 감정적 개념이 아니다. 임재는 통치적 개념과 직결된다. 이는 마치 악령이 임재한 곳엔 저항할 수 없는 악이 지배하는 것과 같다. 그리고 그 통치가 만연한 곳엔 그 영의 실체가 구체적으로 나타난다. 열매로 임재의 실체를 알 수 있다(마 12:33).

이것을 통해 하나님의 임재 안에 있는 사람은 하나님의 형상이 드러난다. 하나님의 형상을 드러낸다는 말은 그 사람이 하나님의 임재 방식이 되었다는 뜻이다. 이렇게 하나님의 임재 방식이 될 때, 사람들은 그 사람을 통하여 여호와의 신이 그와 함께 하는 것을 알게 된다. 애굽의 바로는 요셉의 말과 행동을 통해 "하나님의 영에 감동된 사람"(창 41:38 참조)이라고 말했다. 하나님의 임재 방식이 된 사람은 세상 사람들이 먼저 그 안에 하나님의 임재가 있음을 안다. 예수님의 말씀대로 "내가 아버지의 말씀(임재)을 그들에게 주

---

2) 조엘 비키, 마크 존스, 『청교도 신학의 모든 것』, 김귀탁 역 (부흥과개혁사, 2015), 1016.

었사오매 세상이 그들을 미워하였사오니 이는 내가 세상에 속하지 아니함 같이 그들도 세상에 속하지 아니함으로 인함"(요 17:14)이기 때문이다.

여기서 한 가지 더 관심을 가져야 할 것이 있다. 그것은 성령 충만과 임재에 대한 것이다. 대부분의 사람들(특히 오순절주의자들)은 성령 충만을 일종의 에너지 충전과 같은 개념으로 오해하곤 한다. 그래서 기도는 일종의 에너지를 충전하는 기능처럼 이해되곤 한다.

그러나 성령 충만을 임재의 개념과 관련해서 이해하면 이런 오해는 쉽게 풀린다. 왜냐하면 성령 충만이란 임재의 충만, 즉 이미 우리 마음에 오신 성령님께서 하나님의 나타내심을 선명하게 하는 것이기 때문이다. 신자의 마음에 하나님의 나타내심을 선명하게 하실 때, 신자에겐 외적으로 거룩함과 능력과 지혜, 혹은 성령의 열매가 나타나게 된다. 이것을 은사로만 해석하는 것은 무리(無理)한 해석이다.

반대로 성령으로 충만하지 못하다는 것은 하나님께서 자신을 감추시는 것이다. 이렇게 하나님께서 신자의 마음속에 자신을 나타내시지 않을 때, 신자는 자동적으로 거룩함도, 능력도, 지혜도, 성령의 열매도 잘 나타나지 않는다. 이것을 구약에서는 하나님께서 자신의 얼굴을 가리심, 혹은 얼굴을 돌리심으로 표현하기도 했다.

이 부분은 예수님께서 인류의 죄를 대신 지시고 십자가에 죽으실 때, 태양이 빛을 잃은 것으로도 나타났다. 대부분의 신학자들이 동의하는 것처럼 태양이 빛을 잃은 사건은 하나님(성부)께서 예수님으로부터 얼굴을 돌리신 것이다. 이런 현상이 신자의 심령 속에서도 일어난다. 그래서 신자가 죄에 빠지면 마음이 어두워지고 그의 삶 속에서 하나님의 영광(임재)이 명확하게 나타나지 않는다.

우리는 과연 어떤 영의 임재 가운데 살아가고 있는지 자문해 보자. 욕심의 임재 가운데 사는가? 거짓 영의 임재 가운데 사는가? 불경건의 임재 가운데 사는가? 아니면 하나님의 임재 가운데 사는가?

"그들의 열매(임재)로 그들(실체)을 알리라"(마 7:20)

☞ **임재의 정의**

임재란 하나님께서 자신을 나타내심을 뜻한다.

신앙은 개념이다

04

하나님은
중심을 보신다

04
하나님은 중심을 보신다

복음의 핵심은 사랑에 있다. 사랑은 하나님의 가장 대표적인 속성 가운데 하나이다. 바울은 말하기를 "그런즉 믿음, 소망, 사랑, 이 세 가지는 항상 있을 것인데 그 중에 제일은 사랑이라"(고전 13:13)고 했다. 사랑은 외적인 형식 이전에 내적인 동기의 문제라는 것을 잊지 말아야 한다.

이 문제는 율법과 복음의 문제와 직결된다. 율법을 대부분 외적인 형식이라고 이해하지만 성경은 율법을 사랑이라고 가르치기 때문이다. 마태복음 22장을 보면 한 율법사가 예수님을 시험하기 위해서 "율법 중에서 어느 계명이 크니이까"(마 22:36)라고 묻는 장면이 나온다. 이에 대하여 예수님은 다음과 같이 대답하셨다.

"예수께서 이르시되 네 마음을 다하고 목숨을 다하고 뜻을 다하여 주 너의 하나님을 사랑하라 하셨으니 이것이 크고 첫째 되는 계명이요 둘째도 그와 같으니 네 이웃을 네 자신 같이 사랑하라 하셨으니 이 두 계명이 온 율법과 선지자의 강령이니라" (마 22:37-40)

예수님께서 율법을 하나님 사랑, 이웃 사랑으로 규정하셨다는 점은 오늘날 무율법주의를 아무렇지도 않게 주장하는 사람들이 눈여겨보아야 할 대목이다. 왜냐하면 율법을 준수하자는 태도는 율법주의의 문제가 아니라 사랑의 문제이기 때문이다. 이렇게 볼 때, 무율법주의란 무사랑주의라고 이해해도 무방하다.

이렇듯 율법의 무용론을 주장하는 사람들을 향하여 예수님께서 하신 말씀이 무엇인가? 그것은 "너희 의가 서기관과 바리새인보다 더 낫지 못하면 결코 천국에 들어가지 못하리라"(마 5:20)는 것과 "화 있을진저 외식하는 서기관들과 바리새인들이여 너희가 박하와 회향과 근채의 십일조는 드리되 율법의 더 중한 바 정의와 긍휼과 믿음은 버렸도다 그러나 이것도 행하고 저것도 버리지 말아야 할지니라"(마 23:23)는 것이다.

이 두 구절을 통해서 성경이 가르치는 바를 "소망이 우리를 부끄럽게 하지 아니함은 우리에게 주신 성령으로 말미암아 하나님의 사랑이 우리 마음에 부은 바 됨"(롬 5:5)이라고 정리해 준다. 이 말은 우리 마음에 그리스도의 마음이 부은 바 되었다면, 다시 말해서 성령으로 거듭났다고 한다면, 우리는 율법의 파괴자가 아니요 율법의 준행자로 나타나는 것이 당연하다는 말이다. 왜냐하면 율법은 구원을 위한 조건이 아니라 구원받은 신자가 사랑을 실천하는 방식이기 때문이다.

이런 주장을 하면 무율법주의자들은 예수님께서 공생애 기간 동안 끊임없이 소위 율법주의자들이라고 할 수 있는 바리새인들과 대립했다는 점을 지적한다. 또 예수님은 율법으로부터의 자유를 선언하셨는데, 왜 또다시 율법의 올무 속으로 들어가려고 하느냐고 반문한다.

여기서 우리가 오해하지 말아야 할 점은 예수님께서 유대인 종교 지도자들과 싸우셨던 이유가 그들의 율법 행위 때문이 아니라는 점이다. 그들은 율법을 형식적으로만 취했을 뿐, 정작 율법의 정신인 사랑이 없었다는 데 있었다.

그들은 외적으로는 율법을 철저히 지키는 사람들이었다. 그러나 그들은 정작 더 중요한 "정의와 긍휼과 믿음은 버렸다"(마 23:23)는 것이 예수님의 진단이셨다. 그들은 입술로는 하나님을 공경하지만 마음은 하나님께로부터 먼 사람들이었다(마 15:8). 예수님의 표현대로 중심에는 시체가 썩어서 냄새가 나지만 겉으로는 회를 칠한 무덤과 같은 존재들이었다(마 23:27 참조). 이것이 율법을 지키지만 율법의 정신을 망각한 유대인들의 모습이었다.

그러므로 복음은 주로 신자들의 중심에 관심을 갖는다. 겉으로 주일을 성수했는지, 헌금을 했는지, 아니면 기도를 쉬지 않았는지, 예배를 빠짐없이 했느냐는 하나님의 주된 관심사가 아니다. 하나님의 관심은 그 사람의 중심에 있다. 그 사람이 진정으로 하나님을 사랑하여 행하고 있는지에 주된 관심을 가지고 있다.

그런데 이 복음의 원리를 악용하는 사람들이 초대교회 때부터 자주 등장했다. 하나님은 중심을 보시기 때문에 율법으로부터 자유해야 한다는 것이다. 어려운 환경 속에서 믿음으로 극복하기보다는 우상에게 절하고 주일과 경건생활을 적당히 타협하는 것을 지혜라고 가르쳤다. 그러나 이런 가르침을 요한계시록은 '이세벨의 가르침'이라고 규정한다.

"그러나 네게 책망할 일이 있노라 자칭 선지자라 하는 여자 이세벨을 네가 용납함이니 그가 내 종들을 가르쳐 꾀어 행음하게 하고 우상의 제물을 먹게 하는도다" (계 2:20)

이세벨의 가르침이 무엇인가? 이세벨의 가르침은 당시에는 직장생활을 하기 위해 우상에게 절을 하고 신전 창기들과 몸을 섞지 않으면 안 되었던 상황과 관련을 맺고 있다. 이 당시 기독교인들은 먹고 사는 생존의 문제와 우상 숭배와 간음이라는 율법적인 문제 가운데 심각한 고민에 빠져 있었다. 이런 상황에서 이세벨로 불리는 거짓 선지자는 적당히 타협하며 사는 것을 지혜롭고 현명한 신앙생활이라고 가르쳤다.

다시 말해서 우상에 절하고 신전 창기와 몸을 섞을지라도 마음의 중심만 지키면 된다는 것이다. 하나님은 우리의 안타까운 현실을 아시고 이해하시며, 중요한 것은 중심이지 행위가 아니라고 가르쳤다.

이것은 마치 창녀와 몸을 굴리면서 창녀에게 마음만 주지 않으면 된다고 주장하는 것과 같다. 마음은 아내에게 있으면서 과연 몸은 창녀에게 줄 수 있겠는가? 실제로 이런 상황 속에 있었던 고린도 교회를 향하여 바울은 이런 주장이 얼마나 심각한 궤변인지 다음과 같은 말로 공격했다.

> "창녀와 합하는 자는 그와 한 몸인 줄을 알지 못하느냐 일렀으되 둘이 한 육체가 된다 하셨나니" (고전 6:16)

이런 궤변은 우리나라 일제 강점기에 신사 참배를 독려하던 배도자들의 가르침에서도 들을 수 있었다. 그 당시에도 신사(神社)를 향해 절을 하더라도 마음은 하나님께 있으면 된다고 했다.

그런데 이런 가르침이 오늘날 신자들의 일상에 만연해 있다. 불신 남편의 구원을 위해 주일을 한두 번 빠져도 된다고 한다. 불신자들 사이에서 어쩔 수 없이 술을 마시는 상황에 있는 신자들이 이런 논리로 합리화한다. 오늘날 목회자들은 바른 복음도 듣는 사람이 있어야 하므로 일단 비성경적인 방법을 사용하더라도 일단 교인 수가 늘어나면 그때, 바른 복음을 전하겠다고 하면서 하나님은 중심을 보신다고 합리화한다.

그러나 어떤 식으로 합리화를 하든, 이것은 분명히 성경의 정죄 대상이다. 성경은 복음의 자유로 육체의 기회를 삼지 말고 오직 사랑으로 서로 종노릇 하라고 가르친다(갈 5:13).

그러나 애석하게도 상당수의 교인들이나 목회자들이 하나님은 중심을 보신다는 가르침을 왜곡하여 그 자유로 육체의 기회를 삼도록 독려한다.

주일성수하기 어려운 직장과 사업장에서 주일을 적당히 타협하는 교인들을 향하여 하나님은 중심을 보시니 자유하라고 면죄부를 부여한다. 바빠서 기도를 하지 못하는 교인들에게 기도는 장소와 시간의 문제가 아니라 무시로 중심을 하나님께 드리며 기도하면 된다고 한다. (예수님이나 사도들이나 영적 거인들도 아무리 바쁘고 피곤해도 시간과 장소를 정해놓고 기도를 했다면 합리화될 수 없는 궤변이다.) 헌금에 대하여 인색해진 교인들을 향하여 과부의 헌금처럼 중심을 드리면 된다고 한다. 세상 사람들과 모임에서 술을 마시면서 중심만 흔들리지 않으면 된다고 한다. 이렇게 하여 교인들의 악한 양심에 자유를 선언한다.

우리가 하나님께서 중심을 보신다는 성경의 가르침이 무엇인지 조금이라도 진지하게 연구해 본다면 이런 논리가 교회 안에 들어서지 못할 것이다. 왜냐하면 성경은 하나님께서 중심을 보시는 시점이 고난과 위기의 때라고 가르치기 때문이다.

예를 들어, 하나님께서 아브라함에게 이삭을 번제로 바치도록 시험하시는 장면이 바로 그 대표적인 것이다. 하나님은 이미 아브라함의 중심을 알고 계셨다. 그럼에도 불구하고 하나님은 아브라함이 자신의 명령을 따라서 아들 이삭을 번제로 바치는 모습을 확인하시길 원하셨다. 따라서 아브라함이 칼을 들어 이삭을 번제로 바치려는 순간에 하나님께서 아브라함을 향하여 다음과 같이 선언하신 것을 우리는 보게 된다.

"그 아이에게 네 손을 대지 말라 그에게 아무 일도 하지 말라 네가 네 아들 네 독자까지도 내게 아끼지 아니하였으니 내가 이제야 네가 하나님을 경외하는 줄을 아노라" (창 22:12)

여기서 무엇을 알 수 있는가? 하나님께서 이렇게 하시지 않아도 아브라함의 중심을 아시지만, 그럼에도 불구하고 우리의 삶을 통해서 당신을 사랑하고 경외함을 구체적으로 드러내심으로 우리의 중심을 보신다는 사실이다. 하나님께서 신자의 외모를 보시지 않고 중심을 보신다는 증거구절로 주로 쓰이는 성경 구절은 하나님께서 사무엘을 통해 다윗을 임금으로 지목하시던 구절이다.

"여호와께서 사무엘에게 이르시되 그의 용모와 키를 보지 말라 내가 이미 그를 버렸노라 내가 보는 것은 사람과 같지 아니하니 사람은 외모를 보거니와 나 여호와는 중심을 보느니라 하시더라" (삼상 16:7)

실제로 이러한 다윗의 중심은 그의 삶을 통해서 명확하게 입증되었다. 그의 중심은 위기 때에 주님의 율법을 생명처럼 여기며 사는 것으로 실체를 드러냈다. 그는 위기라고 해서 율법을 타협하지 않았다. 설혹 자신이 간음과 살인을 통해 율법을 어긴 상황 속에서도 선지자의 매서운 질책을 달게 받아들였다.

이런 분명한 성경적 사실을 언급할지라도 무율법주의에 빠진 사람들은 이것은 구약이므로 설득력이 없다고 반문할지 모르겠다. 아마도 그들은 예수님께서 "진리를 알지니 진리가 너희를 자유롭게 하리라"(요 8:32)고 하신 말씀으로 반격하고 싶을 것이다.

이런 주장을 하는 사람들은 예수님께서 하신 말씀의 의도를 명확하게 이해하지 못하고 있는 것이다. 예수님은 여기서 율법을 지키지 않을 자유를 선언하신 것이 아니다. 오히려 정반대이다. 예수님은 여기서 두 가지 자유를 염두에 두고 가르치신 것인데, 그 첫째는 율법의 형식으로부터의 자유요, 둘째는 죄로부터의 자유다.

첫 번째는 자유의 적극적인 면이라고 한다면, 두 번째는 소극적 의미로서의 자유이다.

먼저 첫 번째에 해당하는 율법의 형식으로부터의 자유가 왜 적극적 의미로서의 자유인지 살펴보자. 복음이 선언하는 율법의 형식으로부터의 자유란 마치 사랑하지도 않는 대상을 억지로 형식으로만 사랑하는 사람에게 진심으로 사랑하여 그 사랑의 형식을 자발적이고 능동적으로 취하게 하겠다는 말씀이다. 이것을 예수님은 "내가 율법이나 선지자를 폐하러 온 줄로 생각하지 말라 폐하러 온 것이 아니요 완전하게 하려 함이라"(마 5:17)는 선언으로 가르치셨다.

그러면 어떻게 율법을 완전하게 한다는 것인가? 그것은 사랑이다. 우리의 마음속에 하나님의 사랑을 부어주심으로 율법을 자발적으로 기쁨으로 지키게 해 주신다는 말이다. 사도 바울의 가르침처럼 "사랑은 율법의 완성"(롬 13:10)이다. 그리스도의 사랑이 우리 마음에 부어짐으로 율법의 형식으로부터 우리를 자유롭게 하는 것이다. 더 이상 율법의 형식은 우리를 억압하지 못한다. 왜냐하면 우리는 그 형식을 사랑하게 되었기 때문이다. 이것이 적극적인 의미로서의 자유라는 뜻이다. 이것이 하나님께서 보시는 성도의 중심의 적극적인 변화이다.

두 번째로 예수님의 자유 선언의 소극적 의미란 죄와 사망의 통치로부터의 자유다. 우리는 이제 죄와 사망의 통치를 기뻐하지 않게 되었다. 성령으로 거듭난 성도의 중심은 옛적 삶을 혐오하게 된다. 이전에 즐겁던 것이 이젠 즐겁지 않다. 허무하다. 아니, 괴롭게 여겨진다. 다시 말해서 옛적 삶에 미련을 두거나 사랑을 하지 않게 됐다는 말이다. 하나님은 우리의 중심에 이런 마음이 있는지 보신다.

그러나 하나님께서 중심을 보신다는 주장을 통해서 세속적 삶을 적당히 합리화하는 사람들은 돈과 환경과 세상의 권력과 육체의 욕망을 양심에 거리낌 없이 살아가는 것을 자유라고 한다. 이런 주장은 궤변가들의 놀이터에서나 나올 법한 주장이다.

다시 말하지만 복음의 진리가 주는 자유함은 죄를 맘 편하게 범할 수 있는 자유가 아니다. 율법을 억지로가 아니라 기쁨으로 준행하는 것을 자유라고 가르친다. 도리어 복음은 의의 종 노릇, 사랑의 종 노릇을 가르친다.

이 부분에 대하여 가장 잘 설명해 준 가르침이 고린도전서 8장이다. 여기서 바울은 신자의 자유함이 항상 사랑으로 종 노릇 함에 전제되어야 함을 다음과 같이 가르쳤다.

> "그런즉 너희의 자유가 믿음이 약한 자들에게 걸려 넘어지게 하는 것이 되지 않도록 조심하라" (고전 8:9)

바울의 가르침은 여기서 끝나지 않는다. 바울은 "이같이 너희가 형제에게 죄를 지어 그 약한 양심을 상하게 하는 것이 곧 그리스도에게 죄를 짓는 것이니라"(12절)고 힐난한다.

그러므로 바울은 자신이 고기를 먹을 자유도 있고, 먹지 않을 자유도 있지만 "만일 음식이 내 형제를 실족하게 한다면 나는 영원히 고기를 먹지 아니하여 내 형제를 실족하지 않게 하리라"(13절)고 선언한다. 하나님께서 보시는 중심은 바로 이것이다. 형제를 진정으로 사랑하는 행동으로 고백하길 바라신다는 말이다.

하나님께서 보신다는 중심은 각 사람의 주관적인 동기를 말하는 것이 아니다(상당수의 사람들이 그렇게 이해한다). 예레미야 17장 9절의 말씀처럼 "만물보다 거짓되고 심히 부패한 것은 마음이라 누가 능히 이를 알리요"라고 한 가르침을 묵상해 보라. 자신의 중심을 자신이 쉽게 알 수 없다는 말이다.

사람이 선한 동기로 불경건이나 죄를 범했을 때, 과연 그 동기가 선할 수 있다는 것을 무엇으로 믿을 수 있겠는가? 인간의 전적 타락과 부패를 믿는다면 사람에게 결코 순수한 선한 동기를 기대할 수 없다. 인간이란 선한 동기를 빌미로 하여 악을 행할 만큼 충분히 악하고 교활하다.

그렇다면 어떻게 순수한 동기로 신자가 살아갈 수 있겠는가?

바울은 "믿음을 따라 하지 아니하는 것은 다 죄니라"(롬 14:23)는 말로 대답한다. 흥미롭게도 이 가르침은 바울이 로마서 14장에서 음식을 먹는 문제, 종교적인 목적으로 날을 지키는 문제와 관련하여 언급한 부분이다. 다시 말해서 이 부분은 우리가 관심을 갖는 영역을 그대로 다룬 문제라는 말이다.

여기서 바울은 신자의 중심 문제를 믿음으로 다루고 있다. 그는 "네게 있는 믿음을 하나님 앞에서 스스로 가지고 있으라 자기가 옳다 하는 바로 자기를 정죄하지 아니하는 자는 복이 있도다"(롬 14:22)고 한다. 이는 하나님께서 보시는 신자의 중심이 바로 '믿음'이라는 사실을 아주 잘 설명해준다.

하나님께서 보시는 중심이란 바로 믿음으로 사는가, 아닌가를 보신다는 말이다. 그런데 그 믿음이 바로 '사랑'이라고 한다. 그 사랑은 그냥 감정적인 사랑이 아니다. 율법을 준행하는 것이다. 율법을 형식적으로 준행하는 것이 아니다. 하나님을 사랑하는 표현으로 율법이 나오는 것이다.

믿음으로 말미암은 사랑은 율법을 어떤 상황에서도 준행하려 한다. 율법을 자기 입맛에 맞도록 교묘하게 가감하지 않는다. 광야 같은 세상을 살아가면서 만나로만 자기 양식을 삼도록 만든다. 하나님께서 히브리인들의 중심을 보시기 위해서 하신 일이 무엇이라고 성경은 가르치는가? 신명기 8장 2절은 다음과 같이 언급하고 있다.

"네 하나님 여호와께서 이 사십 년 동안에 네게 광야 길을 걷게 하신 것을 기억하라 이는 너를 낮추시며 너를 시험하사 네 마음이 어떠한지 그 명령을 지키는지 지키지 않는지 알려 하심이라" (신 8:2)

하나님께서 사람의 중심을 보시는 방식은 고난과 위기 가운데 어떻게 행동으로 고백하는가를 통해서다. 돈과 하나님, 사랑과 하나님, 명예와 하나님, 행복과 하나님, 성공과 하나님을 대립시키면서 믿음으로 살 것인지, 아니면 육신의 원리로 살 것인지를 질문하시는 방식으로 우리의 중심을 보신다.

아마도 다윗은 목동 생활을 하는 가운데 하나님으로부터 이런 방식으로 그의 중심을 확인하는 과정을 거쳤을 것이다.

바울이 "스스로 속이지 말라 하나님은 업신여김(조롱)을 받지 아니하시나니 사람이 무엇으로 심든지 그대로 거두리라"(갈 6:7)고 한 가르침을 기억하라.

하나님께서 우리의 중심을 보시기 때문에 세상과 적당히 타협하고 죄를 용인하며, 자기 합리화를 하더라도 자유해야 한다는 것은 스스로 자신을 속이는 일이요, 하나님을 조롱하는 것이다. 이세벨의 가르침이다.

> ☞ **하나님께서 중심을 보신다는 말의 정의**
>
> 하나님께서 중심을 보신다는 말은 우리가 고난 중에도 사랑의 고백을 하기를 하나님이 기대하신다는 말이다.

신앙은 개념이다

05

복음

05
복음

예수님의 공생애는 "때가 찼고 하나님의 나라가 가까이 왔으니 회개하고 복음을 믿으라"(막 1:15)는 선언으로 시작된다. 성경에서 언급된 '복음'이라는 단어가 마라톤 평야 전쟁과 관련된 헬라어 '유앙겔리온'(εὐαγγέλιον)을 어원으로 하고 있다는 사실은 대부분 다 아는 사실이므로 굳이 언급하지 않으려 한다. 왜냐하면 신약에서 '유앙겔리온'(εὐαγγέλιον)이라는 단어를 사용할 때, 이 용어가 마라톤 평야 전쟁과 직결된 단어는 아니기 때문이다. 단지 신약 성경이 이 단어를 차용했을 뿐이다.

우리가 관심을 가져야 할 점은 이 용어가 하나님 나라 도래와 직결되어 있다는 사실이다. 이 사실은 복음이 유대인들의 오랜 포로 생활과 관련을 맺고 있으므로 이 단어는 헬라인들의 역사보다는 유대인들의 오랜 역사와 관련하여 이해해야 마땅하다. 유대인들은 과거 하나님께서 율법으로 왕을 통해 다스리는 이스라엘 왕국을 하나님의 나라로 이해했고, 이 나라의 회복을 수백 년 동안 기다려왔다.

따라서 복음은 자주 "하나님의 복음"(막 1:14), 혹은 "천국 복음"(마 4:23)으로 언급된다. 유대인들이 복음을 접하게 됐을 때, 그들의 입장에서는 죽어서 가는 천국보다는 이스라엘이라는 현실 왕국의 회복의 관점으로 이해하고 받아들였다. 그런 이유 때문에 야고보와 요한의 어머니는 "나의 이 두 아들을 주의 나라에서 하나는 주의 우편에, 하나는 주의 좌편에 앉게 명하소서(마 20:21)"라고 청탁하는 장면이 나오는가 하면, 예수님의 승천을 앞두고서도 "주께서 이스라엘 나라를 회복하심이 이 때니이까"(행 1:6)라는 질문을 던진 것이다. 따라서 복음서에서 유대인들이 복음을 듣게 될 때 그들이 이해한 하나님 나라의 복음은 분명히 죽어서 천국 가는 개념은 강하지 않았던 것이 분명하다.

물론 예수님께서 언급하신 복음은 유대인들이 흔히 생각하고 있었던 육적 이스라엘 왕국의 회복을 의미하는 것은 아니다. 예수님께서 바리새인들이 "하나님의 나라가 어느 때에 임하나이까"라는 질문을 받으셨을 때, 대답하신 것은 이 사실을 아주 잘 보여준다.

"하나님의 나라는 볼 수 있게 임하는 것이 아니요 또 여기 있다 저기 있다고도 못하리니 하나님의 나라는 너희 안에 있느니라" (눅 17:20-21)

예수님께서 선포한 하나님 나라 복음이란 영적 하나님의 나라이지 육적 하나님의 나라가 아닌 것이다. 이런 예수님의 가르침은 복음이 현실적이지 않고 내세적인 것처럼 이해되기 쉽다. 다시 말해서 복음이 현세보다는 내세적인 것으로 이해하기 쉽다는 말이다.

그러나 흥미롭게도 신약 성경이 언급하고 있는 복음은 '이미 시작된 천국'과 관련을 맺고 있다. 그러나 애석하게도 대부분의 기독교인들은 복음이 종말에 완성될 천국, 혹은 죽어서 가는 천국을 가르친다고 떠올린다. 이런 기독교인들의 복음에 대한 이해는 유대인들이 복음을 현재적으로만 이해하려는 태도와 정확히 반대편에 서 있다.

유대인들은 복음(Good news)을 현재 로마의 정권으로부터의 해방이라고 이해했다면, 대부분의 기독교인들은 내세(來世)에 누리게 될 죄와 죽음의 권세로부터의 해방으로만 이해하고 있다는 점이다.

신약 성경이 가르치는 복음은 놀랍게도 이미 시작된 천국과 아울러 종말에 완성될 천국, 두 가지 모두 가르친다. 천국의 이 두 개념은 동시에 이해해야 할 영역이다. 만일 따로 한쪽 영역만 강조되면 기독교의 복음은 이방 종교나 철학의 형태로 변질된다. 고로 복음을 이해할 때 이미 시작된 천국과 아울러 종말에 완성될 천국의 개념을 동시에 염두에 두어야 복음의 감격을 제대로 감지할 수 있다.

이쯤에서 다음과 같은 질문을 던져보자. 복음과 하나님의 나라가 왜 같이 언급되고 있는가? 우리가 흔히 이해하는 복음은 죽어서 천국 가는 것, 혹은 죄의 저주로부터의 해방과 같은 개인적인 구속의 문제이다. 우리는 복음을 굳이 하나님의 나라와 직결해서 이해하지 않는다. 그러나 예수님의 복음은 하나님의 나라와 직결된다. 구원은 개인적인데 복음은 공동체적이란 말이다. 복음은 하나님의 나라 도래라는 말과 직결되어 있다는 말이다.

그러면 복음과 하나님의 나라가 어떤 관련을 맺고 있다는 말인가? 이는 복음이란 하나님의 통치 안에 들어갔음을 말한다. 유대인들이 생각할 때, 복음은 이방인의 통치가 사라지고 비로소 하나님의 통치가 도래하게 된 것을 의미한다. 마찬가지로 예수님의 복음은 이 원리를 그대로 영적인 원리에 적용하여 이해하길 요구한다. 다시 말해서 신약의 복음이란 우리가 죄와 마귀의 통치로부터 해방되어 하나님의 통치 안으로 들어가게 됨을 말한다는 것이다.

그냥 천국 시민이라는 신분을 갖게 되었기 때문에 복음이 아니다. 신분의 문제가 아니라 실제적인 지배와 통치의 문제이다. 이렇게 본다면 복음은 특정한 대상에게만 복음이 될 수 있다는 논리가 성립된다. 다시 말해서 죄와 마귀의 통치를 괴로워하고 하루 속히 그 통치로부터 해방되고 하나님의 통치를 열망하는 사람들에게만 복음은 말 그대로 충격적인 'Good News'가 된다. 이는 마치 하나님 나라의 도래가 유대인들에겐 '복음'으로 들리지만, 로마의 통치를 즐기는 유대인이나, 로마인에겐 복음이 복음으로 들릴 수 없는 것과 같은 이치이다.

실제로 예수님 당시에 복음은 죄와 사망의 권세에 신음하고 애통하는 사람들(세리와 창기들)의 'Good News'였다. 반대로 구조적이고 습관화된 죄를 은연중에 즐기는 바리새인들과 같은 사람들에겐 복음이 'Good News'로 여겨지지 않았다. 오히려 이런 사람들에게 복음은 심판과 저주의 메시지, 다시 말해서 'Bad News'로 들렸다.

복음의 대상에 대한 이런 사실은 예수님께서 세례요한의 제자들로부터 "오실 그이가 당신이오니이까 우리가 다른 이를 기다리오리이까"(마 11:3)라는 질문을 받으셨을 때, 하신 대답 속에 아주 명확하게 나타난다.

"맹인이 보며 못 걷는 사람이 걸으며 나병환자가 깨끗함을 받으며 못 듣는 자가 들으며 죽은 자가 살아나며 가난한 자에게 복음이 전파된다 하라"(마 11:5)

예수님의 이 대답은 복음이 모든 사람들에게 'Good News'로 들릴 수 없음을 천명하신 것이다. 이는 오늘날 복음을 모든 사람들의 'Good News'로 만들려는 시도가 얼마나 잘못된 것인지 잘 보여준다. 복음은 예수님의 말씀처럼 스스로 건강한 자라고 착각하는 자들에겐 쓸 데 없고 오로지 '병든 자라는 자각을 하는 사람들에게만 쓸 데 있는 것'이다(마 9:12). 영적으로 자신이 맹인이며, 못 걷는 사람이고, 나병환자라는 자각으로 애통하는 자에게만 복음이 'Good News'가 된다. 강퍅한 유대인들처럼 "우리가 아브라함의 자손이라 남의 종이 된 적이 없거늘 어찌하여 우리가 자유롭게 되리라 하느냐"(요 8:33)고 반문하며, 자신이 죄의 폭압 속에서 노예 생활을 하고 있다는 것을 자각하지 못하는 사람들에겐 복음은 'Good News'가 될 수 없다.

이제 우리는 예수님께서 복음이 은혜로 주어진다고 가르치셨음에도 불구하고 자기의 모든 것을 버려야 할 것을 강조하셨다는 점을 생각해보자.

예수님은 "누구든지 나와 복음을 위하여 자기 목숨을 잃으면 구원하리라"(막 8:35)고 하셨다. 또 "나와 복음을 위하여 집이나 형제나 자매나 어머니나 아버지나 자식이나 전토를 버린 자는 현세에 있어 집과 형제와 자매와 어머니와 자식과 전토를 백 배나 받되 박해를 겸하여 받고 내세에 영생을 받지 못할 자가 없느니라"(막 10:29-30)고 하셨다.

이러한 예수님의 천국 복음은 쌍둥이 비유로 유명한 밭에 감춰진 보화 비유와 진주의 비유에서도 잘 나타난다. 이 두 비유에서도 예수님은 밭에 감춰진 보화와 값진 진주를 얻기 위해서는 "자기의 소유를 다 팔아"(마 13:44,46)야 할 것을 명시하셨다.

예수님은 자기의 모든 것을 버리는 자만 천국을 소유할 수 있다고 복음을 설명하셨다. 그렇다면 어떻게 복음이 은혜가 되는가? 복음이 은혜가 되려면 아무 대가를 지불하지 않고 거저 주어져야 마땅하다. 그러나 예수님은 "자기 소유를 다 팔아"야 천국을 소유하게 된다고 복음을 가르치셨다. 우리의 상식으로만 본다면 이것은 분명히 모순처럼 보인다. 아니면 말의 유희나 우리를 기만하는 것으로 들리기 쉽다.

모순처럼 보이는 복음의 이런 특성을 이해하려면 우리는 창세기에 등장하는 인류의 타락을 이해해야 한다. 인간에게 복음이 필요하게 된 원인은 인간의 타락과 관련을 맺고 있기 때문이다. 다시 말해서 인류에게 타락이 없었다면 복음도 필요 없었다는 말이다. 복음은 바로 인류가 타락했기 때문에 임하게 된 저주의 해결책이라는 말이다.

그러면 인류의 타락으로 말미암아 주어진 저주가 무엇인가? 우리가 흔히 알고 있는 것처럼 인류는 하나님의 영원한 심판 선고를 받아야 했다. 이것을 신약은 지옥의 심판으로 언급한다. 복음이 영원한 심판 선언과 관련을 맺고 있다는 말이다. 고로 결론적으로만 본다면 복음은 우리에게 영원한 심판으로부터 안전을 보장해준다. 그러나 복음은 이렇게만 이해하면 안 된다. 이것은 단지 복음의 결과에 불과하기 때문이다.

우리는 좀 더 근원적인 부분을 이해해야 한다. 인간이 하나님의 영원한 심판을 받는다는 말의 의미를 구체적으로 이해해야 한다. 즉 영원한 심판이란 생명의 근원되신 하나님과의 완전한 단절을 의미하는 것이며, 이는 곧 하나님의 은혜로부터의 단절을 의미한다. 하나님과 이렇게 완전히 단절된 상태를 성경은 '지옥'이라고 한다. 이것이 지옥의 개념이다. 고로 복음이 하나님과의 완전한 단절로부터의 안전을 보장해준다는 말은 아담의 죄로 말미암아 막힌 하나님과의 관계를 다시 회복시켜준다는 뜻이 된다. 그냥 회복시켜 주는 것이 아니다. 영원히 회복시켜 주는 것이다. 이렇게 영원히 하나님과 관계가 회복되는 것을 '영생'이라고 하고, 이 영생이 주어진다는 소식이 바로 '복음'이다.

그러면 하나님과의 관계를 다시, 그리고 영원히 회복시켜 주는 일이 어떻게 이루어진다는 것인가? 마지막 아담이신 예수님이 우리의 죄의 대가를 다 치르시고 부활하셨다고 한다. 아무 죄도 없으신 예수님이 우리가 받아야 할 죄의 형벌을 대신 치르시고 부활하신 놀라운 역사를, 나를 위한 하나님의 선하신 행위로 믿고 하나님께로 돌아온(회개한) 사람들은 하나님의 심판으로부터 안전하게 된다. 복음은 이렇게 역사 속에서 독생하신 하나님의 아들 예수님이 우리를 위해 죽으시고 부활하신 사실을 나를 위한 사건으로 믿고 영접하는 것이다.

따라서 초대교회의 복음을 바울은 "내가 너희에게 전한 복음을 너희에게 알게 하노니"(고전 15:1)라고 말한 후에 "이는 성경대로 그리스도께서 우리 죄를 위하여 죽으시고 장사 지낸 바 되셨다가 성경대로 사흘 만에 다시 살아나사"(고전 15:3-4)라고 요약한다.

복음이 이런 것이라는 사실을 염두에 두고 다시 서론에서 언급했던 예수님의 복음 선언으로 돌아가보자. 예수님은 복음을 단지 복음이라 하시지 않고 왜 "하나님 나라 복음", 혹은 "천국 복음"이라고 하셨는가?

그 이유는 이 복음이 성도들을 '천국(하나님 나라) 시민'이 되도록 하기 때문이다. 복음은 그냥 막연하게 천국에 가는 것을 보장한다는 말이 아니다. 예수님의 죽으심과 부활을 나를 위한 사건으로 믿은 신자는 더 이상 저주 받은 지옥 시민이 아니라, 천국의 시민이 된다는 것을 약속한다. 이것이 핵심이다.

그러면 천국 시민이 된다는 것은 무엇을 의미하는가? 이젠 더 이상 죄와 마귀의 통치를 받지 않고 하나님의 통치를 받는 사람이 된다는 것을 말한다. 따라서 천국 복음이란 하나님의 통치를 따르는 사람에게 구원이 있다는 선언으로 요약된다.

"내 율례를 따르며 내 규례를 지켜 행하게 하리니 그들은 내 백성이 되고 나는 그들의 하나님이 되리라" (겔 11:20)

복음은 막연히 신분의 변화나 내세의 행복만을 약속하는 것이 아니다. 구체적으로 새로운 신분 속에서 새로운 통치를 지금 현세에서부터 받게 된다고 가르친다. 새로운 통치란 무엇인가? 이젠 마귀가 죄와 사망으로 통치하는 권세로부터 자유하게 된다는 말이다. 이 놀라운 해방은 죽어서 맛보는 것이 아니다. 지금 우리가 예수님을 믿고 영접함과 동시에 시작된다는 점을 분명히 기억해야 한다.

그러므로 예수님은 복음을 전하시면서 "진리를 알지니 진리가 너희를 자유롭게 하리라"(요 8:32)고 선언하신 것이다. 이 자유로움은 '지금' 이 땅에서 누리게 되는 '현재적 자유로움'이다. 이것을 우리는 '영생'(Eternal Life)이라고 한다. 이런 자유로움은 자신의 죄와 사망의 권세로부터 해방을 열망하는 사람들에겐 진정으로 '복음'이 될 것이다.

그러나 반대로 죄와 사망의 통치를 즐거워하는 사람들에겐 복음이 그렇게 감동적인 Good News로 인식되지 못한다. 죄와 사망으로 통치하는 마귀의 통치가 즐겁고 행복한 사람들에게 복음은 결코 감동적일 수 없다. 복음은 오로지 하나님의 통치를 기뻐하고 열망하는 제한적인 사람들에게만 Good News가 될 뿐이다.

그러므로 예수님은 산상수훈을 통해서 심령이 가난한 자, 의에 주리고 목마른 자, 애통하는 자, 긍휼히 여기는 자, 마음이 청결한 자, 화평하게 하는 자, 의를 위하여 박해를 받는 자가 복 있다고 하신다. 왜냐하면 이런 심령을 가진 사람들만이 복음을 좋은 소식(Good News)으로 느낄 수 있는 사람들이기 때문이다(마 5:3-10).

반대로 복음은 심령이 부요하고 배부르며 웃는 자들에겐 화(禍)를 선언한다. 비록 세상에서 근심 걱정 없이 살고, 풍요롭게 살고, 남부럽지 않게 형통한 인생을 살더라도 이들은 저주받은 사람이라고 한다. 왜냐하면 그들은 하나님의 통치보다는 죄의 삯으로 통치하는 마귀의 통치를 더 기뻐하고 열망하는 사람들이기 때문이다. 그들은 마치 지상에서 가장 지옥 같은 곳에서 철저히 파괴되며 살아가면서도 그 곳을 천국이라고 여기며 사는 북한 사람들과 같다. 분명히 해방되어야 하지만, 북한 체제가 주는 영양가 없는 강냉이를 최고의 양식으로 여기며 짐승처럼 김씨 왕조의 노예로 살아가는 것을 영예로 여기는 북한 사람들처럼 사는 사람들과 같다.

이제 마지막으로 앞부분에서 제기했던 문제를 다루는 것으로 글을 정리하자.

복음이 은혜로 주어지는 것이라고 한다면, 예수님은 왜 밭에 감춰진 보화와 진주의 비유를 통해서 천국은 자기 재산을 다 팔아서 얻는 것이라고 가르치신 것일까?

이 가르침은 복음을 복으로 인식하게 되는 신앙의 특징을 가르치는 것일 뿐이지, 이렇게 해야만 천국을 얻게 된다는 공로주의(功勞主義)를 가르치는 것이 아니다. 다시 말해서 복음을 복으로 인식하는 복된 심령을 마태복음 5장은 가난한 심령, 의에 주리고 목마른 심령, 애통하는 심령이라고 표현했다면, 이제 마태복음 13장은 자기의 모든 소유를 다 팔아서라도 소유하고 싶어 하는 심령이라고 가르치는 것이다.

이는 마치 학생이 공부를 복으로 자각하고 자기의 모든 안락함과 게으름을 포기하고 달콤한 잠을 줄이며 공부에 매진하게 되는 것과 같은 이치이다. 실제로 마태복음 13장의 밭에 감춰진 보화나 진주의 비유는 보화와 진주의 가치를 깨달은 것을 전제로 자기 모든 소유를 다 팔아 샀다는 논리로 언급한다. 자기의 소유를 다 팔아야 보화와 진주를 소유하는 것이 아니다. 이 가치를 안다면 모든 것을 다 희생하며 그것만을 추구하게 된다는 말이다.

교회사 안에서 이런 사실은 아주 명확하게 잘 나타났다. 우리의 경건했던 성도들은 천국 복음을 밭에 감춰진 보화나 값진 진주처럼 여겼다. 이들은 복음을 처음 깨닫게 되었을 때, 재물의 유혹이나 세상의 염려로 기운이 막히도록 하지 않았다. 그리고 지속적으로 자기가 가장 소중히 여기는 모든 것을 복음을 위해 아낌없이 희생하며 하나님의 통치를 빼앗기지 않으려 했다.

어떤 사람은 재물을 다 팔아 천국을 지켰다. 어떤 사람은 명예와 행복을 팔아서 천국을 지켰다. 더 나아가 어떤 사람은 생명을 팔아 천국을 지켰다. 이들은 세상에서 가장 불쌍한 사람들처럼 살았다. 그러나 그들이야말로 가장 복된 사람들이었으며 현명한 사람들이었다.

이렇게 모든 것을 다 빼앗기면서까지 천국 복음을 지킨 이유가 어디에 있었을까? 구원파의 논리처럼 한 번 믿으면 천국이 보장된다는 것을 복음이라고 생각한다면 굳이 이렇게 막대한 희생을 치러야 할 이유가 어디에 있는가?

그 이유는 복음이 약속하는 천국은 지금 여기서 시작되는 실체이기 때문이다. 죽어서 가 봐야 알 수 있는 막연한 나라가 아니다. 또 천국의 행복은 영원한 내세에 가서나 맛볼 수 있는 것도 아니다. 지금 여기서 시작되고 맛보는 실제적인 행복이다. 이런 이유로 바울은 "하나님의 나라는 먹는 것과 마시는 것이 아니요 오직 성령 안에서 의와 평강과 희락이라"(롬 14:17)고 분명하게 가르쳤다. 그러므로 이 행복을 구체적으로 맛본 성도들은 이 영광을 세상의 어떤 것과도 바꿀 수 없을 정도로 귀하고 영광스럽게 여길 수밖에 없다. 굳이 가치 없는 세상의 것과 바꿀 이유가 없다.

밭에 감춰진 보화와 값진 진주 비유는 바로 이런 사실을 가르친다. 이미 시작된 천국을 맛본 사람이라면 이 세상의 어떤 것과도 바꾸려 하지 않을 것이라는 말이다. 마치 다이아몬드의 가치를 아는 사람이 쿠키 한 봉지와 바꿀 수 없는 것과 같은 이치다.

그러나 천국의 가치를 모르는 사람은 천국 복음을 짓밟고 경멸할 수밖에 없다. 그들은 죄의 삯으로 살아가는 것을 최고의 영광과 지혜와 생명으로 여긴다. 마치 다이아몬드 원석의 가치를 모르는 아이들이 맛있는 쿠키 한 봉지와 얼마든지 바꿀 수 있는 것과 같다. 이런 사람들은 멸망하는 짐승 같은 사람들(시 49:20 참조)이므로 복음은 미련한 것이요 걸림돌처럼 여겨질 뿐이다. 이런 사람들은 복음을 전해줄 지라도 복음을 전해 준 사람을 찢어 상하게 할 뿐이다.

그러므로 예수님은 "거룩한 것을 개에게 주지 말며 너희 진주를 돼지 앞에 던지지 말라 그들이 그것을 발로 밟고 돌이켜 너희를 찢어 상하게 할까 염려하라"(마 7:6)고 경고하셨다.

이런 사람들의 모습은 밭에 감춰진 보화와 값진 진주를 얻기 위해서 모든 재산을 다 팔았다는 사람들과 극명한 대조를 이룬다.

천국 복음은 모든 사람들에게 복음으로 여겨지지 않는다. 그 가치를 깨달아 알게 된 사람들에게만 값진 진주요, 밭에 감춰진 보석으로 여겨진다. 교회는 이렇게 복음의 가치를 알게 된 사람들의 구별된 모임이다. 세상들이 가치 없다고 여기는 것을 가치 있게 여기는, 납득할 수 없는 독특한 사람들의 모임이다.

마치 우리가 생각할 때 비디오 게임을 가치 있다고 여긴 사람들이 동호회를 조직하여 정기적으로, 그리고 적극적으로 모이는 모습이 납득할 수 없는 것처럼 세상 사람들은 교회를 그런 사람들의 모임으로 본다. 이것이 정상적인 교회의 모습이다.

그러나 만일 복음의 참된 가치를 모르는 사람들을 억지로 교인으로 만들려 한다면, 교회는 복음을 개와 돼지들이 좋아하는 먹거리로 둔갑시켜야 한다. 복음을 육신적 형통과 행복과 풍요의 통로로 왜곡시켜야 한다. 천국은 이방 종교의 개념으로 바꾸어야 한다. 그러면 교회는 점점 개와 돼지들로 넘쳐나며, 그들의 먹거리를 제공하는 짐승의 우리로 전락하고 만다. 그리고 복음은 교회 안에서 가장 경멸받는 대상이 되며, 복음을 명확하게 전하는 사람은 그들에 의하여 찢겨 상하게 되고 말 것이다.

☞ 복음의 정의

복음이란 죄와 사망의 통치 아래 신음하는 사람이 비로소 그 통치로부터
해방될 길이 열렸다는 소식이다.

신앙은 개념이다

06

믿음

06
믿음

　기독교에서 믿음이란 용어는 절대적인 위치를 차지하고 있다. 그럴 수밖에 없는 것은 믿음이라는 용어는 다른 이방 종교들과 구별된 가장 독특한 개념이기 때문이다.

　이렇게 말하면, 대부분의 사람들은 믿음이 왜 다른 이방 종교들과 구별된 개념이라고 질문할 것이다. 기독교뿐만 아니라 다른 모든 종교들도 분명히 믿음을 요구하기 때문이다. 믿음을 요구하기 때문에 종교가 되고, 그것을 믿는 생활을 신앙생활이라 부른다. 그럼에도 불구하고 기독교의 믿음은 다른 이방 종교와 구별을 이루는 핵심 용어가 된다. 그 이유는 '믿음'이라는 용어가 성경에서는 일반 종교와 다른 신학적 개념을 가지고 있기 때문이다.

　기독교에서 믿음이라는 용어의 개념이 다른 이방 종교와 다르다는 사실은 16세기 종교개혁이라는 역사에서도 쉽게 입증된다. 마틴 루터^{Martin Luther}를 통해서 시작된 종교개혁은 '믿음'이란 용어를 성경적으로 재발견하게 된 것이 도화선 역할을 했기 때문이다.

실제로 루터는 믿음이라는 용어를 로마서에서 재발견하기 전까지 그 중요성을 전혀 깨닫지 못했다. 그럴 수밖에 없었던 것은 로마 가톨릭에서도 믿음은 신앙의 중요한 요소로 이해되었기 때문이다. 이런 사실은 지금도 변함이 없다.

그런데 루터가 성경에 언급된 믿음이라는 용어가 일반적으로 생각하던 개념이 아니라는 것을 깨닫게 되면서 엄청난 충격을 받게 되었다. 믿음에 대한 루터의 재발견은 자신의 인생뿐만 아니라 기독교 역사를 새롭게 쓰는 지각 변동을 동반했다.

놀라운 사실은 기독교 역사의 전환점은 항상 믿음이란 용어를 성경적으로 재발견할 때마다 나타났다는 점이다. 믿음이란 용어를 성경적으로 이해하지 못하게 되면 기독교는 타락하게 되었고 이방 종교화되었다. 이 영광스런 용어를 성경적으로 다시 재발견하게 될 때마다 교회는 개혁되고 전성기를 맞이하게 되었다.

이렇게 기독교에서 가르치는 믿음이 이방 종교와 구별됨을 주는 이유는 구원의 주권이 사람의 주권에 있는 것이 아니라, 하나님께만 있다는 것을 가르치기 때문이다. 다시 말해서 이방 종교들은 믿음을 언급하면서도 어떤 식으로든 자력구원(自力救援)을 가르치지만, 기독교는 믿음 교리를 통해서 타력구원(他力救援), 즉 오직 하나님의 은혜로만(sola Gratia) 구원이 이루어진다고 가르친다는 것이다. 이 구원에 인간의 노력은 전혀 영향을 주지 못한다는 것이 믿음이라는 기독교 용어의 핵심이다.

그러면 성경이 가르치는 믿음이란 용어를 구체적으로 어떻게 이해해야 할지 살펴보도록 하자. 이 주제에 접근하기 전에 필자는 먼저 성경적이지 못한 '믿음'에 대한 이해를 먼저 다루고 싶다. 이것이 성경적인 믿음에 대한 이해를 돕는 지름길이라고 판단된다.

첫 번째로 믿음은 지적(知的) 수용(收容)이 아니다.

이 부분이 오늘날 믿음을 잘못 이해하는 가장 흔한 이해이다. 마틴 로이드 존스Martyn Lloyd Jones 목사도 로마서 10장을 강해하면서 믿음이 지적 수용이 아니라는 점을 먼저 강조했다[3]. 그러나 애석하게도 상당수의 교인들은 성경의 가르침을 거부감 없이 수용하는 것을 믿음이라고 생각한다.

이런 모습은 모태 신앙인들에게 가장 흔히 나타나는 양태이기도 하다. 이런 사람들은 자신이 성경의 가르침을 거부하고 있지 않고 익숙하기 때문에 믿고 있다고 착각을 한다.

이런 교인들이 자신의 신앙에 대하여 진지하게 고민하게 되는 계기는 거의 예외 없이 어려움과 시험을 당할 때이다. 이런 충격적인 상황을 통해서 교리에 대한 지적 수용과 믿음이 하늘과 땅만큼의 괴리가 있다는 사실을 비

---

3) 마틴 로이드 존스, 『로마서 강해 제10권』, 서문강 역 (기독교문서선교회, 2000), 269-270.

로소 깨닫게 된다.

두 번째로 믿음은 이성적으로 납득되는 것을 의미하지 않는다.

이성주의자들은 믿음을 이성적 인식 능력과 직접적으로 결부시킨다. 이들은 성경의 가르침을 이성적으로 의심해 보고 자신의 이성이 납득되는 영역만 믿을 수 있다고 주장한다. 믿음을 이런 식으로 인식하게 된 데는 데카르트Rene Descartes의 공헌이 크다. 그가 생각하는 믿음은 이해한 만큼 믿는다는 것이다.

그러나 데카르트 방식의 이런 태도는 믿음이 아니라 이성의 의문을 해소시켜 주는 것에 불과하다. 전통적인 신앙의 태도는 '믿기 위해 이해하는 것이 아니라, 이해하기 위해 믿는 것'이다. 이것이 성경적 믿음의 방향이다.

세 번째로 믿음은 결과에 대한 신뢰가 아니다.

예나 지금이나 상당수의 그리스도인들이 흔히 빠지는 오류 가운데 하나는 믿음을 자신이 기대하는 성과로 측정한다는 것이다. 믿음을 이런 식으로 규정한 사람들은 주로 얼마나 성공했고, 얼마나 번영을 했고, 얼마나 행복한 삶을 살고 있는지에만 관심을 갖는다.

이런 사람들에게 믿음의 유무(有無)와 다소(多少)를 규정하는 데 있어서 도덕성은 큰 의미가 없다. 또 과정도 중요하지 않다. 단지 얼마나 성공했고 얼마나 행복하게 살고 있으며 형통한 삶을 살고 있느냐가 중요할 뿐이다.

네 번째로 믿음은 종교의 효력에 대한 신뢰가 아니다.

이 말은 대부분의 사람들이 믿음을 어떤 종교적 행위 자체가 효력을 일으키는 것이라고 믿는 것이 아니라는 말이다. 다시 말해서 100일 기도를 하면 100일을 했기 때문에 소원이 성취되는 것이 아니고, 십일조를 하는 행위 자체가 재물의 복을 가져 오는 것이 아니라는 말이다.

이런 문제를 잘 보여주는 것이 바로 천주교이다. 간혹 천주교를 어설프게 이해하는 사람들은 천주교가 믿음을 부정한다고 생각한다. 아니다. 천주교도 믿음으로 구원 받는 점을 강조한다. 문제는 그들이 믿음을 강조하는 대상이 어떤 종교적 행위라는 데 있다. 그들이 강조하는 믿음은 그리스도께서 십자가에서 완성해 놓으신 대속의 은총을 믿는 믿음이 아니다. 또 하나님의 거룩하신 속성에 대한 인격적 신뢰가 아니다. 그들은 성례라는 종교적 행위가 구원을 준다는 것을 믿는 믿음을 강조한다.

예를 들어, 가톨릭은 7개의 성례(세례성사, 성체성사, 혼인성사, 고해성사, 견진성사, 신품성사, 종부성사)가 구원의 효력을 가져다준다고 믿는 것을 올바른 신앙이라고 가르친다. 따라서 가톨릭의 7성례와 성례를 집례하는 사제직은 로마 가톨릭 체제를 지탱하는 핵심 기둥이 된다. 이것이 믿음을 이루는 핵을 이루고 있기 때문이다. 그러나 이는 성경적 근거도 없을 뿐만 아니라 지독한 미신이다.

정말로 무서운 사실은 가톨릭의 이런 7성례가 신자들을 요람에서 무덤까지 철저히 통제하는 종교적 수단으로 사용된다는 것이다. 천주교는 갓 태어난 유아들의 구원을 유아 세례라는 방식으로 교회가 주관하고, 일상의 삶과 죄의 문제, 결혼과 죽음까지 가톨릭 신부들의 손 안에서 좌우되게 한다. 잘못된 믿음을 통해서 신자들을 철저히 가톨릭 제도의 노예로 만든 것이다.

이렇게 종교적 행위 자체에 어떤 신비적 효력이 있다고 믿는 믿음은 성지 순례가 죄를 제거하는 효력이 있다는 가르침과 예수님의 십자가 조각을 만지면 죄를 제거 받는 효력이 있다는 미신을 가져오게 되었다. 이렇게 믿음의 대상(하나님)이 아니라 종교적 행위 자체에 어떤 효력이 있다고 믿는 믿음은 미신이 되고, 사람들로 하여금 종교의 노예가 되도록 만든다.

물론 잘못된 믿음을 통해 신자들을 종교의 노예가 되도록 만드는 것은 천주교만의 문제가 아니다. 오늘날 기독교 안에서도 비일비재하게 일어나는 일이다. 미신적 믿음이 교회 안에 들어와서 교인들을 미신의 노예, 종교의 노예, 목회자의 노예가 되게 만든 경우는 너무도 많다.

그러면 이제 성경이 가르치는 믿음이란 무엇인지 살펴보자.

첫 번째로 믿음은 내가 믿는 것이 아니라, 하나님께서 주시는 은혜이다.

이 말은 구원의 주권이 사람에게 있지 않고, 하나님의 주권에 있다는 뜻이다. 앞에서 언급했던 것처럼 이것이 기독교 신앙과 이방 종교를 구별하는 핵심이다. 에베소서 2장 8-9절의 말씀을 보면 믿음은 은혜로 주어졌음을 바울이 가르치고 있다. 사도 바울은 믿음이 "행위에서 난 것이 아니니" 라고 말하면서 믿음이 결코 우리의 공로가 될 수 없다는 점을 분명히 한다(엡 2:9). 믿음은 오로지 하나님께서 우리를 사랑하셔서 우리에게 주신 선물이다(엡 2:8).

결단을 한다고 해서 믿음이 되는 것은 아니다. 믿음은 하나님께서 주셔야 가능하며, 하나님의 선물이다. 그럼에도 불구하고 믿음을 얻는 데 있어서 사람이 아무 것도 하지 말아야 한다는 것은 아니다. 존 머레이$^{John Murray}$ 교수는 믿음과 인간의 행위의 관계를 다음과 같이 가르쳤다.

사람이 믿을 수 있게 되는 것은 하나님의 은혜 때문이지만, 신앙(Faith) 그 자체는 인간의 행위이며, 그것도 단독적인 것이다. 신앙에 있어서 구원을 위하여 그리스도를 영접하고 신뢰하는 자는 '우리'이다. … 구원에 있어서 하나님은 인간을 기계처럼 다루지 아니하시고 하나의 인격으로 대하시므로 구원은 그 가운데 인간의 활동을 포함하고 있다. 은혜로 말미암아 신앙을 통하여 우리는 구원을 받는다.[4]

---

4) 존 머레이, 『구속론』, 하문호 역 (성광문화사, 1994), 139-140.

이런 관점에서 신앙을 갖고자 하는 사람은 예수님의 가르침처럼 "구하고, 찾고, 두드리"는 노력을 해야 마땅하다. 또한 성경은 "누구든지 주의 이름을 부르는 자는 구원을 받으리라"(롬 10:13)고 가르친다. 우리는 믿음에서 사람의 이런 적극적인 추구가 어떤 식으로든 의미가 있다는 점을 간과하지 말아야 한다. 그러나 이 모든 자발적인 행위도 은혜로 주어지는 것임을 간과하지 말아야 한다.

두 번째로 믿음은 하나님과의 관계를 의미한다.

너무도 많은 사람들이 믿음을 하나님과의 관계에 결부시키지 못하고 있다. 믿음을 단순히 천국에 들어가기 위한 일종의 조건이나, 비인격적인 수단처럼 이해한다.

그러나 성경이 가르치는 믿음은 하나님과 회복된 관계를 의미한다. 창세기 15장 6절을 보면 창세기 기자는 "아브람이 여호와를 믿으니 여호와께서 이를 그의 의로 여기시고"라고 언급한다. 여기서 아브라함의 믿음은 천국에 가는 것과 관련지어 이해되지 않고 있다. 이 구절은 아브라함과 하나님과의 인격적 관계를 내포한다. 왜냐하면 여기서 "의"란 법정적 의가 아니라, 하나님과 올바른 관계를 뜻하기 때문이다.

믿음이 인격적 관계의 회복이라는 차원을 이해하려면 우리는 아담과 하와의 범죄 사건을 염두에 둘 때 이해가 쉽다. 왜냐하면 아담과 하와의 범죄란 하나님께 대한 불신으로 관계가 깨진 것이기 때문이다. 최초의 인간 타락은 하나님께 대한 불신으로 인한 관계의 파괴였다. 따라서 인간의 회복 (구원)은 믿음을 통해 단절된 하나님과의 관계가 회복되는 것으로 이해해야 한다.

창세기의 아담과 하와의 타락 사건을 염두에 둘 때, 믿음은 반드시 '순종' 을 동반한다는 것을 알 수 있다. 왜냐하면 아담과 하와가 불신(믿지 않음)의 내적 상태로 말미암아 동반했던 것은 '불순종'이었기 때문이다. 실제로 사도 바울은 로마서에서 믿음과 순종을 동의어로 교차하여 사용하고 있다는 점을 주목할 필요가 있다.

세 번째로 믿음은 결과에 대한 믿음이 아니라 하나님의 속성과 신격(神格) 에 대한 믿음이다.

많은 사람들이 믿음에 대하여 너무도 잘못 이해하는 것 가운데 하나가 바로 이 부분이다. 오랜 세월 신앙생활을 했다고 하는 사람들이 믿음을 자꾸 결과에 대한 것과 직결시키면서 실족하게 된다. 눈에 보이는 현상과 결과만을 보고 한탄하고 불평하고 원망한다. 전능하신 하나님께서 왜 고난을 주시고, 실패를 주시고, 질병을 주시느냐고 원망한다. 이들의 문제는 믿음이 하나님이라고 하는 인격체에 대한 믿음이라는 점을 모르는 데 있다.

우리의 믿음은 고난과 실패와 질병을 주신 선하신 하나님께 대한 믿음이다. 비록 현상적으로는 어려움과 괴로움 가운데 있지만, 그 환경과 고난을 주신 하나님의 선하심과 지혜로우심과 자비로우심, 그리고 전능하심(속성)을 믿고 감사하는 것이다.

바울 사도는 우리의 신앙이 바로 여기에 있음을 잘 보여주고 있다. 고린도후서 4장 16-18절을 보면 그는 "그러므로 우리가 낙심하지 아니하노니 우리의 겉사람은 낡아지나 우리의 속사람은 날로 새로워지도다 우리가 잠시 받는 환난의 경한 것이 지극히 크고 영원한 영광의 중한 것을 우리에게 이루게 함이니 우리가 주목하는 것은 보이는 것이 아니요 보이지 않는 것이니 보이는 것은 잠깐이요 보이지 않는 것은 영원함이라"고 고백한다.

바울 사도는 그 누구보다 극심한 환난과 고통 가운데 살아갔던 사람이었다. 그러나 그가 그런 환경 속에서도 항상 기뻐하고 범사에 감사할 수 있었던 근거는 눈에 보이는 것에 주목하기보다는 보이지 않는 하나님의 선하신 속성과 신격(神格)을 주목했기 때문이다.

선하시고 지혜로우시며 전능하신 하나님께서 자신에게 허락하신 모든 환경은 우리가 이성적으로는 납득할 수 없으나 분명히 선하신 의도(섭리)에서 주신 것임을 믿은 것이다.

그의 믿음은 철저히 결과(현상)에 대한 믿음이 아니라 하나님이라는 대상에 대한 믿음을 견지한 것이다. 대상에 대한 믿음은 결과보다는 과정을 더 중요하게 여긴다. 영원하시고 절대적인 하나님의 속성과 신격에 대한 믿음은 우리로 하여금 어떤 상황에서도 흔들리지 않는 견고한 믿음을 갖게 한다. 이런 믿음의 태도에서 신자가 세상과 구별됨을 보이고, 하나님의 영광을 드러내게 된다.

마지막 네 번째로 믿음은 인격에 대한 반응이지, 입증에 대한 반응이 아니다.

바로 전에 언급했던 것처럼 믿음은 전능하신 존재의 인격에 대한 반응이지 논리적으로 입증한 것에 의한 반응이 아니다. 좀 더 쉽게 말한다면, 우리의 믿음은 하나님을 논리적으로 입증하면 믿을 수 있는 것이 아니라는 것이다.

많은 사람들이 하나님을 보여주면 믿겠다, 하나님이 존재한다는 것을 입증하면 믿겠다고 한다. 그러나 만일 이들에게 하나님을 보여 준다거나, 하나님이 존재한다는 것을 완벽하게 입증했다고 해도 그들은 성경이 가르치는 믿음에는 입성하지 못한다. 왜냐하면 이런 입증과 증명은 그들을 유신론자로 만들 수는 있을지 모르나 하나님의 거룩하신 인격을 신뢰하도록 하는 데는 아무런 도움이 되지 못하기 때문이다.

신의 존재를 인정한다고 해서 그가 그리스도인이 되는 것은 아니다. 신의 존재를 인정하는 유신론자들 가운데는 유대인도 있고, 무슬림도 있고, 그 외에도 다양한 이단도 있다. 이들의 문제는 신의 존재를 의심한다는 데 있지 않다. 신의 존재는 인정하지만 그 신이 성경에 계시된 하나님으로는 믿지 못한다는 데 있다.

이들은 자신들이 원하는 하나님을 믿겠다는 것이다. 자신들이 이성적으로 납득할 수 있는 하나님은 믿지만, 납득되지 않는 하나님은 믿지 않겠다고 한다. 이런 논리라면 그들은 외부에 존재하는 하나님을 믿는 것이 아니라, 자신이 마음에 이미 형성화시켜 놓은 하나님을 믿겠다는 논리로 밖에는 해석이 안 된다. 따라서 신의 존재를 믿지만 자기가 납득하는 한도 내에서만 믿겠다는 사람들도 하나님의 인격을 신뢰하지 못한다는 차원에서 불신자임에 틀림없다. 이런 사람들이 바로 자유주의 신학자들이다.

이런 사람들은 성경의 곳곳에서 이성적으로 납득할 수 없는 영역들에 대해 이성적 납득을 요구한다.

예를 들어, 어떻게 홍해 바다가 갈라졌느냐부터 시작해서 소돔과 고모라의 심판 사건들, 노아의 홍수 사건들, 여리고 성이 무너진 사건들을 이성적으로 납득시켜 달라고 요구한다. 더 나아가 성경에 나오는 이혼 금지의 문제, 동성애 금지의 문제, 주초 금지의 문제, 남자가 여자의 머리됨에 대한 문제 등에 대하여 이성적(합리적)으로 납득시키면 믿겠다고 한다.

그러나 이런 주장은 아무런 실효를 거두지 못하고 거의 대부분 결론 없는 논쟁으로 감정만 상하고 끝나곤 한다. 왜냐하면 이들은 이 명령을 주신 하나님과 관계가 아직 회복되지 않은 상태이므로 수용할 의지가 전혀 없기 때문이다. 믿기 어려운 것이 아니라 믿을 의향이 없는 것이다. 그러므로 이런 사람들은 하나님과 관계가 회복되기 전에는 이성적으로 납득을 시켜도 여전히 하나님의 결정에 불만이 가득할 뿐이다. 믿음이 먼저라는 뜻이다.

따라서 하나님과 인격적 관계가 회복되면(믿음이 생기면) 완전히 달라진다. 선하신 하나님께서 결정하신 것이라는 것만으로도 성경의 가르침을 수용할 수 있게 된다.

이는 마치 내가 신뢰하는 사람이 말한 것은 팥으로 메주를 쑨다고 해도 믿는 것과 같다. 그러므로 참된 믿음의 길에 들어선 사람들의 관심은 이성적 납득이 아니라 이 가르침이 성경적이냐에 주된 관심을 둔다. 출처만 분명하면 이성적 납득과 관계없이 받아들이게 된다.

거듭난 신자의 이성은 믿음의 근거가 아니라 믿음의 수단이 된다. 반틸 Van Til은 이것을 '신앙하는 이성'이라고 한다. 우리의 이성을 자신의 타락한 본성을 만족시키기 위한 것이 아니라, 특정한 가르침이 정말 하나님의 명령, 다시 말해서 성경의 가르침에 부합하는지 분별하기 위해 사용한다. 믿음은 우리의 이성의 위치를 이렇게 재설정(reset)한다.

예수님의 가르침대로 믿음이 동반하는 특징은 '내 뜻이 아니라 아버지의 뜻'에 관심을 갖게 되는 것이다. 그리고 만일 그 가르침이 성경의 가르침에 부합하기만 한다면 믿음을 가진 사람은 어찌하든지 순종하려는 태도를 견지한다. 믿음은 하나님과의 관계 회복을 의미하므로 그 관계가 회복된 성도는 하나님의 명령에 대하여 죽도록 충성하는 태도를 견지하게 되는 것이다.

예수 그리스도의 십자가 사건은 우리를 이 관계 속으로 끌어들이기 위한 것이다. 예수 그리스도의 십자가 사건을 통해서 하나님이 궁극적으로 목표로 하신 것은 우리와 관계를 회복하시고 하나님과 이웃을 뜨겁게 사랑하도록 하는 데 있는 것이다. 이 사랑은 신자를 그리스도와 연합시키고, 더 나아가 그리스도와 연합된 다른 신자들과의 연합으로 이끈다. 이렇게 연합되면 신자는 그리스도와 교통을 경험하면서 동시에 다른 동료 신자들과 교통을 하게 된다.

그러므로 신약 성경은 믿음을 다른 말로 "그리스도 안에 거함", "성령 안에 거함", "순종", "연합", "사랑", "그리스도를 붙잡음" 등으로 묘사한다. 이 모든 것이 믿음의 외적 증상이다.

무엇보다 중요한 사실은 이 믿음이 성령님께서 우리를 그리스도와 연합시키기 위해 사용하시는 수단이라는 사실이다. 사람이 사용하는 수단이 아니라, 성령 하나님께서 사용하시는 수단이다. 고로 우리는 믿기 위해 필요한 것은 결단이 아니라 은혜와 긍휼을 구하는 것이다. 귀신 들린 아들의 치료를 위해 주님께 매달리던 아버지처럼 "우리를 불쌍히 여기사 도와 주옵소서"(막 9:22), 또 "나의 믿음 없는 것을 도와 주소서"(막 9:24)라고 강청해야 한다.

믿음은 이렇게 하나님의 긍휼을 간절히 바라며, 포기하지 않고 구하고 찾고 두드리는 자의 몫이 될 것이다.

> ☞ **믿음의 정의**
>
> 믿음이란 지적 수용이 아니라 그리스도와 신자를 연합하시는 성령의 수단이다.

신
앙
은

개
념
이
다

07

실족

07
실족

교회 안에서 '실족'이라는 단어는 흔히 '실망했다'거나, 혹은 '감정(마음)이 상했다'는 식으로 사용되곤 한다. 그러나 실족이라는 단어를 그런 의미로 사용하는 것은 결코 성경적이지 않다는 사실을 아는 사람은 그다지 많지 않다.

물론 언어는 시대와 문화에 따라서 얼마든지 그 의미가 변할 수 있다. 이 것을 우리는 소위 '어의전성'(語義傳成)이라고 한다. 이런 어의전성은 사회의 문화 변화와 관련하여 평범한 일상에서 사람들끼리 자신의 생각과 의사를 소통하기 위한 용도로만 사용된다면 별 문제가 되지 않는다. 그러나 문제 는 이 단어가 성경이라는 절대 기준을 이해하는 데 지장을 준다면 문제는 심각해진다. 성경의 용어를 우리의 일상에서 그 의미가 전환된 의미로 사 용하게 된다면 성경의 진리는 당연히 시대의 사조에 따라서 왜곡될 수밖에 없다. 따라서 우리는 이 단어를 성경이 기록될 당시의 의미로만 해석하는 것이 마땅하다.

예수님은 분명히 이 단어를 매우 심각하게 사용하셨다.

"누구든지 나를 믿는 이 작은 자 중 하나를 실족하게 하면 차라리 연자 맷돌이 그 목에 달려서 깊은 바다에 빠뜨려지는 것이 나으니라" (마 18:6)

여기서 우리는 예수님께서 "실족하게" 하는 문제를 얼마나 심각하게 다루셨는지 기억해야 한다. 만일 우리가 교회 안에서 흔히 말하는 것처럼 '실족'이라는 단어를 '실망했다', 혹은 '마음(감정) 상했다'는 의미로 사용하고 이해한다면 우리는 예수님의 이 가르침을 그의 의도하신 대로 심각하게 받아들일 수 없게 될 것이다.

교회 안에서 "실족하게" 하는 문제는 "차라리 연자 맷돌이 그 목에 달려서 깊은 바다에 빠뜨려지는 것" 정도로 심각하게 이해될 문제이다. 이 문제를 예수님은 사형에 준하는 수준으로 경고하신 것이다. 오늘날처럼 그냥 웃어 넘길 가벼운 문제가 아니라는 말이다. 그러나 정작 교회 안에서 이 문제는 주님의 경고 수준에 전혀 못 미치는 것이 사실이다.

그러면 "실족하게 한다"는 것은 무엇을 말하는가?

개인적으로 필자는 이 단어를 너무 피상적으로 번역한 것부터 문제 삼고 싶다. 우리 개역성경에서 실족으로 번역한 한자어는 '失足'이다. 이 말의 국어사전적 의미는 '발을 잘못 디딤'이다. 그러면 이 단어에 해당하는 헬라어는 무엇인가? 헬라어로 이 단어는 '스칸달리조'(σκανδαλίζω)라고 한다. 직역하면 '걸려 넘어지다', '함정에 들다', 혹은 '죄를 범하게 되다'라는 뜻이다. 아마도 개역성경은 첫 번째 의미로 직역한 것으로 보인다.

그러나 이 단어는 대부분의 번역 성경에서 "죄를 범하게 되다"로 번역한다. NIV를 보면 이 문장을 "causes ~ to sin"(~ 죄의 원인을 제공하다)으로 번역했다. 현대어 성경도 "만일 나를 믿는 이 작은 사람들 가운데 하나라도 죄짓게 하는 사람이 있다면 그가 누구든지 간에 목에 연자 맷돌을 달고 깊은 바다에 던져지는 편이 나을 것이다"라고 번역했다. KJV도 이 부분을 "offend"(죄를 범하게 하다)로 번역했다.

그렇다. 실족하게 한다는 것은 교회 안에 믿음이 연약한 어떤 사람들로 하여금 "죄짓게 하는 것", 혹은 "불경건에 빠지도록 하는 것"을 말한다. 단순히 실망했다거나, 감정이 상했다는 것을 말하지 않는다.

그렇다면 이 문제를 좀 더 구체적으로 적용해 보자. 교회 안에서 실족하게 한다는 것은 무엇을 말하는 것인가?

첫 번째로 신앙의 그릇된 모범을 보이는 것이다. 가정에서 신앙이 어린 자녀들에게 불경건한 신앙의 태도를 보임으로 자녀들이 불경건한 태도를 자연스럽게 수용하도록 만드는 것은 실족하게 하는 대표적인 행위이다. 또 교회에서 아직 신앙이 제대로 세워지지 않은 신자들에게 교회의 직분자들이나 먼저 믿은 신자들이 불경건한 신앙 태도를 보여서 따르게 하는 것이 바로 실족이다.

예를 들어, 먼저 믿은 신자들이나 직분자들이 상습적으로 예배에 늦거나, 교회에 대한 불평을 늘어놓거나, 기도를 게을리하거나, 술과 담배를 하거나, 간음과 사회적 범법행위 같은 부도덕을 행하는 것 등이 바로 그것이다.

두 번째로 실족하게 하는 것은 자기 죄를 믿음이 어린 형제에게 적극적으로 합리화하며, 그 죄에 참여하도록 독려하는 것이다. 바로 앞에 언급한 부분은 의도적이지 않지만 무의식적으로 실족시키는 것이라면, 이것은 의도적이며 적극적으로 형제를 실족시키는 것이다. 이런 태도는 자신의 불경건과 죄를 정당화하기 위해서 가정이나 교회에서 신앙이 연약한 가족이나 신자들에게 죄를 합리화하거나, 더 나아가 그 죄를 독려하며 선동하는 것이다.

이런 모습은 모세가 광야에서 여러 번 겪었던 일이기도 하다. 그 대표적인 예로 열두 정탐꾼 사건을 들 수 있다. 이 사건은 열 명의 정탐꾼들이 자신들의 불신앙과 불경건을 감추고 합리화하기 위해 모세를 모함하고 대적한 사건이다. 여기서 열 명의 정탐꾼들은 많은 이스라엘 무리들을 선동하였다.

이 문제는 오늘날에도 개교회 안에서 비일비재하게 나타나는 문제이기도 하다. 이런 사람들은 교회 안에서 연약한 신자들에게 자신의 불경건을 합리화하고, 세상에 적당히 타협하는 것을 지혜라는 명목 하에 권장하며, 더 나아가 교회의 정당한 방침에 정면으로 도전하고 항거하도록 선동한다. 사도 바울은 이렇게 실족하게 하는 자들을 로마서 1장 32절의 말씀을 통해서 아주 적절하게 지적했다.

> "그들이 이같은 일을 행하는 자는 사형에 해당한다고 하나님께서 정하심을 알고도 자기들만 행할 뿐 아니라 또한 그런 일을 행하는 자들을 옳다 하느니라" (롬 1:32)

마지막 세 번째로 실족하게 하는 것은 거짓된 교리를 퍼뜨리는 것이다. 분명히 정통 가르침에 위배될 뿐 아니라, 다른 여러 사람들에게 비판을 받는 가르침을 자꾸 다른 사람들에게 전달하는 것은 전형적으로 형제를 실족하게 하는 행위이다. 특히 오늘날 거짓된 가르침이 다양한 방식으로 교회 안에 침투해 들어오는 상황에서 명확한 검증 없는 가르침이나, 혹은 자기 확신을 다른 연약한 신자에게 조심성 없이 전달하는 것은 이에 해당한다. 신약의 사도들은 이렇게 성경의 가르침을 교묘하게 왜곡하여 가르치는 사람들을 경계하라고 가르친다.

> "이는 가만히 들어온 거짓 형제들 때문이라 그들이 가만히 들어온 것은 그리스도 예수 안에서 우리가 가진 자유를 엿보고 우리를 종으로 삼고자 함이로되" (갈 2:4)

"그들 중에 남의 집에 가만히 들어가 어리석은 여자를 유인하는 자들이 있으니 그 여자는 죄를 중히 지고 여러 가지 욕심에 끌린 바 되어" (딤후 3:6)

"이는 가만히 들어온 사람 몇이 있음이라 그들은 옛적부터 이 판결을 받기로 미리 기록된 자니 경건하지 아니하여 우리 하나님의 은혜를 도리어 방탕한 것으로 바꾸고 홀로 하나이신 주재 곧 우리 주 예수 그리스도를 부인하는 자니라" (유 1:4)

여기서 우리는 실족하게 하는 문제의 핵심이 무엇인지 알아야 한다. 그것은 자기만 멸망하지 않고 남도 멸망시키는 것이다. 마치 하와처럼 자신만 멸망하는 것이 아니라 아담까지도 자신의 죄에 참여하여 멸망하게 만든 것이 바로 이 가르침의 핵심이다. 이런 문제가 나타나는 큰 원인은 그 속에 사랑이 결핍되었기 때문이다. 그러나 하와나 이단들이 그랬던 것처럼 그들은 항상 이것을 사랑의 행위처럼 위장한다. 여기에 속아서는 안 된다.

아마도 예수님께서 "차라리 연자 맷돌이 그 목에 달려서 깊은 바다에 빠뜨려지는 것이 나으니라"(마 18:6)고 하신 것은 죄인이 자신만 죽지 않고 다른 연약한 신자들을 같이 죽게 한다는 점을 염두에 두고 하신 것이 아닌가 생각된다.

우리는 형제를 실족하게(죄에 빠지게) 하는 문제와 아울러 한 가지 더 살펴보아야 할 것이 있다. 그것은 강단에서 죄를 지적하면서 성경적으로 강력하게 목회하는 것으로 인해 실족하게 됐다는 사람들을 향한 성경의 가르침이 무엇인가 하는 것이다. 예수님은 이 문제를 아주 명확하게 말씀하셨다.

"누구든지 나로 말미암아 실족(fall away, 떨어지지)하지 아니하는 자는 복이 있도다 하시니라" (마 11:6)

그렇다. 성경은 형제를 실족하지 않게 해야 한다고 분명하게 가르친다. 그러나 때로는 하나님의 뜻을 따르는 문제로 인해 실족하게 되는 것은 그 사람의 책임이라고 가르친다.

예를 들어, 어떤 사람이 교회에 불경건한 옷차림으로 예배에 참석하거나, 혹은 불경건한 태도로 예배하는 사람을 권고했다고 하자. 혹은 권징을 했다고 하자. 그 사람이 그것 때문에 실족하게 되었다면 그것은 그 사람의 잘못이다. 이것은 교회의 잘못이 아니다. 이럴 경우에 도리어 실족하지 않는 자가 복이 있을 뿐이다.

☞ **실족의 정의**

실족이란 나로 인해 다른 사람들이 죄에 빠지도록 만드는 것이다.

신앙은 개념이다

08

구원과
구원의 확신

08
구원과 구원의 확신

상당수 사람들은 기독교 신앙의 입문을 교회 출석이나, 세례로 이해하곤 한다. 그러나 기독교 신앙의 입문은 성령으로 중생하는 구원 사건에서 시작한다. 이렇게 볼 때, 아직 구원을 알지 못한다면 신앙의 ABC를 시작했다고 볼 수 없다. 구원을 받지 않은 상태에서는 구원의 확신이나 신앙의 어떤 진보(성화)도 기대 할 수 없다.

그러나 문제는 이 구원이 프로그램으로 되는 것이 아니라는 사실이다. 구원은 오직 거룩한 성삼위 하나님의 단독사역이다. 영접기도를 한다고 되지 않고 많이 가르친다고 되지 않는다. 세례를 받는다고 되는 것도 아니다. 성부 하나님께서 작정하신 사람들을 성자 예수님의 성취하신 구속 사역을 근거로, 성령께서 각 사람에게 적용하실 때 구원이 발생한다.

구원이 발생하는 삼위일체 사역을 염두에 두고 좀 더 구체적으로 살펴본다면, 우리는 구원이 성부께서 선택한 사람들에게만 일어난다고 고백해야 한다. 이는 내가 원하는 사람에겐 전도하고 내가 원치 않는 사람에게 전도를 거리끼는 것이 성경적이지 않다는 사실을 암시한다.

또 우리는 성자 예수님께서 공생애 기간 동안 성취하신 것으로만 구원을 발생시킨다는 것을 고백해야 한다. 이는 "다른 이로서는 구원을 얻을 수 없나니 천하 인간에 구원을 얻을 만한 다른 이름을 우리에게 주신 일이 없음이니라"(행 4:12)는 가르침과, "너희가 거듭난 것은 썩어질 씨로 된 것이 아니요 썩지 아니할 씨로 된 것이니 살아 있고 항상 있는 하나님의 말씀으로 되었느니라"(벧전 1:23)는 가르침으로 이해할 수 있다.

마지막으로 신자의 구원은 오직 성령께서 성부가 선택한 사람을 예수 그리스도의 성취(말씀을 적용하심)를 통해서면 일어난다고 고백해야 한다. 성령님은 오직 그리스도를 바르게 계시하신 말씀을 통해서만 구원을 이루신다. 찬양이나 상담이나 신비적 체험, 혹은 종교적 프로그램(예를 들어, 세례)으로 구원이 일어나는 것이 아니다. 여기엔 교리적 지식만 잘 가르쳐도 구원이 일어난다는 입장도 포함한다. 구원은 가르침으로 일어나는 것이 아니라, 성령께서 그 말씀을 적용시킴으로만 일어나기 때문이다.

그러나 애석하게도 오늘날 상당수의 교회들은 구원에 대한 거룩하신 삼위 하나님을 쉽게 무시한다. 하나님의 작정과 관계없이 은연중에 내가 전도하기로 한 사람들을 우리의 힘으로 구원받게 할 수 있다고 확신한다. 이런 풍토는 성경에도 없는 "태신자"라는 용어를 만들었다. 태신자(胎信者)란, 아이밸 태(胎), 믿을 신(信), 사람 자(者)를 써서 마치 엄마의 배 속에 아이가 잉태된 것처럼, 한자어 뜻 그대로 '믿음으로 전도하고 싶은 대상자를 잉태했다'는 뜻이다. 아이가 태어나기 전까지 엄마가 배 속의 아이를 기도와 사랑으로 돌보듯 미래의 성도를 특별한 관심과 기도로 돌보겠다는 의지의 표현이라 한다.

이에 대하여 국민일보는 신학적으로 옳지 않은 용어라고 다음과 같이 반박한다.

> 태신자란 말은 국어적인 의미와 신학적인 의미에서 자기모순을 갖고 있다. 태신자라는 말이 전도를 통해 새로운 생명의 탄생이라는 것에 의미를 두고는 있지만 '신자'라는 말과 충돌을 빚고 있는 것이다. 신자는 이미 믿음을 가진 사람을 말한다. 그러니 태신자라는 말은 태 속에 있는 믿음을 가진 신자라는 의미이다. 미래적인 의미이고 믿음의 선포이지만 교회에 출석하지 않는 사람을 신자라고 부를 수는 없다.[5]

여기에는 한 사람의 구원이 인간의 선택과 주권에 있다고 생각하는 태도를 은연중에 보여준다.

---

5) 국민일보 - http://news.kmib.co.kr/article/view.asp?arcid=0923984316.

뿐만 아니라 오늘날 기독교는 구원이 오로지 성자 예수 그리스도의 성취에 기인한다는 고백을 제대로 하지 못하고 있다. 상당수 사람들이 복음이 아닌 찬양이나 프로그램, 혹은 신비적 체험을 통해서 구원을 받을 수 있다고 생각한다. 이런 현상이 점차 확산됨으로 말미암아 사람들은 그리스도를 통한 구원, 혹은 말씀을 통한 구원을 더 이상 믿지 않게 되었다. 더 나아가 다른 종교에도 구원이 있다는 거짓 교리까지 자연스럽게 수용하고 있는 상황이 되었다. 이런 비 성경적인 태도는 결국 성령님만 의지하면 성부 하나님의 선하신 작정과 그리스도를 통한 올바른 복음은 무시해도 된다는 식이 자연스럽게 확산되고 말았다.

이렇게 거룩하신 성삼위 하나님의 구원에 대한 주권이 멸시를 받으면서 구원의 확신 교리도 심각한 혼란에 빠지고 말았다. 오늘날 구원의 확신은 더 이상 성삼위 하나님의 주권에 의하여 이해되지 않는다.

구약과 신약에서 언급된 구원의 확신은, 신자가 성령 하나님에 의하여 성자의 구속의 성취를 통해서 성부 하나님의 선하신 경륜 안에 참여함을 통해 알게 되는 것이다. 구원은 이렇게 객관적인 검증의 과정을 통해 확신하게 된다.

바울은 이것을 "너희는 믿음 안에 있는가 너희 자신을 시험하고 너희 자신을 확증하라 예수 그리스도께서 너희 안에 계신 줄을 너희가 스스로 알지 못하느냐 그렇지 않으면 너희는 버림 받은 자니라"(고후 13:5)고 했다. 구원의 확신은 이렇게 하는 것이다.

　신자가 구원을 확신하는 것은 자기 확신이 아니다. 확신반에서 성경공부를 했다고 해서 확신하게 되는 것이 아니다. 성화도 성장반에서 성경공부를 하면 성장하는 것도 아니다. 이 모든 것은 오직 성령 하나님의 고유 주권이다. 오늘날 기독교의 가장 치명적인 문제점은 거룩하신 삼위 하나님의 사역을 인간이 자꾸 침탈하려 한다는 점이다. 하나님의 주권을 이런 식으로 무시할 때, 교회는 타락하게 된다.

　분명히 말하지만, 구원의 확신은 거룩하신 삼위 하나님께서 자신에게 행하신 흔적을 통해서 아는 것이다. 성령께서 신자를 그리스도와 연합시켜 그리스도의 거룩하신 삶에 참여하게 하면, 신자는 비로소 하나님께서 자신을 선택하셨다는 사실을 확신하게 된다.

　이것은 마치 타락한 아담이 회개하고 에덴이라는 경작지로 돌아와서 경작(히브리어로 '아바드' עָבַד, 예배)과 그 땅의 거룩을 지키는(샤마르, שָׁמַר) 직무를 수행하게 되는 것과 같다. 이것을 우리에게 구체적으로 적용한다면 종교적인 영역만이 아니라, 삶의 모든 영역(가정, 직장, 교회, 캠퍼스 등)에서 하나님의 나라를 이루고 거룩을 지켜 나가는 것으로 이해될 수 있다. 이런 거룩한 삶이 나타날 때, 자신이 하나님의 선택을 받은(구원받은) 백성임을 확신하게 된다.

　따라서 예수님은 "나더러 주여 주여 하는 자마다 다 천국에 들어갈 것이 아니요 다만 하늘에 계신 내 아버지의 뜻대로 행하는 자라야 들어가리라"(마 7:21)고 경고하셨다. 이들이 비록 주님의 이름으로 "선지자 노릇 하며 주의 이름으로 귀신을 쫓아 내며 주의 이름으로 많은 권능을 행"(마 7:22)한다고 하더라도 그것이 구원을 확신할 어떤 근거도 되지 않는다. 도리어 주님은 그들을 향해 "내가 너희를 도무지 알지 못하니 불법을 행하는 자들아 내게서 떠나가라"(23절)는 선고하셨다. 이는 구원을 확신할 근거는 "법을 행함"에 있다는 것을 보여준다. 법을 행한다는 것은 율법적 행위를 말하는 것이 아니다. 앞에서 언급한 것처럼 그리스도의 거룩한 삶에 사랑으로 연합된 상태를 말한다. 이것은 '성자께서 공생애 사역 가운데 성취하신 사역에 참여하는 것'을 의미한다.

이러한 사실은 구약에서도 쉽게 발견할 수 있다.

구약에서 구원은 선택받은 자들, 즉 이스라엘 백성들에게만 해당한다. 그래서 이들을 선민이라 한다. 이는 성부의 선택과 작정하심의 결과다. 이 선택을 표면적으로만 본다면 민족적으로 보인다. 그러나 실제로 이 선택은 믿음으로 반응하는 사람들로 제한된다. 비록 선택받은 민족 안에 있는 사람들이라도 그들 가운데 하나님의 명령에 믿음으로 반응하지 않는 사람들은 약속의 땅에 들어가지 못한다.

가나안 전쟁을 거부하고 자기 나름대로 정복하기 쉬운 땅을 침범했던 단 지파는 가나안 땅을 유업으로 받지 못했다. 뿐만 아니라 에브라임 지파는 여호와의 전쟁을 거부하고 적들과 적당히 타협하는 태도를 견지하여 저주를 받아 기업에서 제외되었다. 이런 사실은 후에 요한계시록 7장 5-8절에서 이 두 지파가 십사만 사천의 계수에서 제외된 사실에서 더욱 선명하게 나타난다. 다시 말해서 믿음으로 하나님의 선하신 계획에 참여한 사람들만이 구원을 확신할 수 있다는 말이다. 구원은 성부 하나님의 선하신 작정에 성령에 의하여 성자를 통해 참여한 자들에게 주어진다. 그리고 그 하나님의 선하신 작정에 참여하고 있는 자신을 확인하면서 구원을 확신하게 된다.

이 시점에서 구원과 구원의 확신은 구원된 상태에 대한 확신을 말한다. 너무도 당연한 이런 말을 하는 이유는 오늘날 상당수의 교인들이 구원을 확신해야 구원을 받는다고 착각하기 때문이다. 구원을 받는 것이 먼저고 확신은 그 다음이다.

물론 구원 받은 상태에 있을지라도 확신을 하지 못할 수도 있다. 그러나 확신을 못한다고 해서 구원을 받지 못하는 것은 아니다. 구원은 객관적인 사건이고, 확신은 주관적인 인식 문제이기 때문이다.

이는 마치 대학 입시 시험을 치른 학생이 대학에 합격하는 것은 개인의 주관적 확신과 관계없는 것과 같다. 합격은 확신 여부와 관계없이 객관적인 성적에 근거한다. 확신이 없다고 해서 합격이 무효되지 않는다. 확신 여부와 관계없이 합격 여부는 달라지지 않는다.

그러나 구원의 확신에 대해 잘못 배운 신자들에게 이 상식은 잘 통하지 않는다. 너무도 많은 사람들은 자신의 구원이 확신 여부에 의하여 좌우된다고 생각한다. 애석하게도 이렇게 보편화된 논리는 행위 구원을 중요시하는 전형적인 알미니안적 논리일 뿐이다.

그렇다면 구원에 아무런 영향을 끼치지 않는 확신 교리가 교회에서 가르쳐지는 이유와 목적이 무엇인지 생각해 보자. 우리가 확신의 문제를 명확하게 이해하려면 질문에 대한 대답에서부터 시작해야 한다. 이 질문에 대한 대답이 명확하게 된다면 확신 교리에 대한 오해는 만족스러울 정도로 쉽게 풀린다.

첫 번째로 확신 교리는 신자의 평안을 위해서 주어진다. 이것은 마치 자신이 재판을 치르기 전에 미리 재판에서 승소할 수 있음을 확신하게 될 때 느끼는 평안함과 같다. 이런 사람은 두려운 재판장에 서게 될 날이 가까울지라도 평안을 유지할 수 있다. 그러나 반대로 그릇된 근거나 정보에 의하여 확신을 잃게 된다면 그는 재판장에서 판결이 끝날 때까지 결코 평안할 수 없다.

시편 23편 4절은 이런 사실을 아주 잘 말해준다.

"내가 사망의 음침한 골짜기로 다닐지라도 해를 두려워하지 않을 것은 주께서 나와 함께 하심이라 주의 지팡이와 막대기가 나를 안위하시나이다" (시3:4)

두 번째로 신자가 이미 받은 구원을 확신해야 할 이유는 이 세상에서 살아가는 동안 여호와의 전쟁을 담대하게 수행하도록 하기 위함이다.

우리가 잘 아는 것처럼 여호와의 전쟁은 이미 하나님의 주권에 의하여 승리가 보장된 전쟁이다. 그러나 전쟁에 임하는 하나님의 백성들은 하나님께서 확신을 주시기 전엔 두려움에 떨 수밖에 없다. 고로 하나님은 이스라엘 백성들이 전쟁에 임하기 전에 미리 승리(구원)의 확신을 갖도록 하여 담대히 전쟁을 수행하도록 하셨다.

아주 좋은 예가 바로 기드온의 전쟁이다. 기드온의 전쟁은 하나님께서 확신을 주시고, 그 확신을 통해서 구원을 받은 전형적인 사건이다.

기드온 당시에 이스라엘은 미디안의 지배로 끔찍한 고통을 당하고 있었다. 이스라엘은 이 고통을 견디다 못해 여호와 하나님께 부르짖으며 구원을 요청한다. 그 기도를 들으신 하나님은 이스라엘을 구원하시기 위해 기드온이라는 한 사람을 사사로 선택하셨다. 하나님은 기드온에게 미디안과 전쟁을 하라고 명령하셨고, 그 전쟁에서 반드시 승리하여 이스라엘을 구원하실 것이라고 약속하신다.

이 약속을 받은 기드온은 전쟁 승리를 확신할 수 있는 객관적인 표징(표징 용어 정리 참조)을 하나님께 요구한다. 이것이 그 유명한 양털기도다. 기드온은 하나님께서 정말로 이스라엘을 구원하시기로 작정하셨다면 일반적인 자연 현상으로는 일어날 수 없는 표징을 요구했다. 첫 날에는 새벽에 자신이 타작마당에 둔 양털에만 이슬이 있고 주변 땅은 마르게 해 달라고 요구했다. 다음 날은 그 반대 기적을 요구했다. 하나님은 기드온의 요구대로 표징을 보여주셔서 그에게 확신을 갖게 하셨다.

하나님은 이러한 확신을 기드온을 따르는 300명의 용사들에게도 주셨다. 왜냐하면 전쟁을 앞두고 기드온 뿐만 아니라, 300명의 용사들도 두려움에 떨고 있었기 때문이다(삿 7:10).

하나님은 두려움에 떨고 있는 300명의 용사들에게 전쟁의 승리(구원)를 확신하도록 하기 위해 밤에 미디안 진영에 내려가서 적군들이 서로 하는 말을 듣도록 하셨다. 그들 가운데 어떤 사람이 자기가 꾼 꿈을 말하는데, 그 내용은 보리떡 한 덩어리가 미디안 진영을 무너뜨리는 꿈이었다. 하나님은 이 꿈에 대한 해석도 그들의 입술을 통해서 듣도록 하셨다.

"이는 다른 것이 아니라 이스라엘 사람 요아스의 아들 기드온의 칼이라 하나님이 미디안과 그 모든 진영을 그의 손에 넘겨 주셨느니라"(삿 7:14)

이것은 전쟁의 승리(구원)를 확신하게 하기 위한 하나님의 표징이었다. 그러므로 기드온은 이 전쟁에 대한 구원을 확신하게 되었다. 성경은 이 사실을 다음과 같이 언급한다.

"기드온이 그 꿈과 해몽하는 말을 듣고 경배하며 이스라엘 진영으로 돌아와 이르되 일어나라 여호와께서 미디안과 그 모든 진영을 너희 손에 넘겨 주셨느니라" (삿 7:15)

이렇게 구원의 확신을 갖게 된 기드온과 300명의 용사들은 이 전쟁을 두려움 없이 담대하게 치르고, 그 확신대로 큰 승리를 거두게 되었다. 여기서 우리가 잊지 말아야 할 중요한 핵심이 있다. 그것은 성경이 언급하는 확신은 자기 확신이 아니라는 점이다. 하나님께서 하나님만이 하실 수 있는 표징을 주신 것을 근거로 하는 확신이다.

세 번째로 성경이 신자에게 확신을 주시는 이유는 이미 주신 약속을 보증하시기 위해서다. 이는 마치 계약을 체결한 후에 그 계약서에 도장을 찍어주는 것과 같다.

이러한 개념을 잘 보여주는 사건이 바로 창세기 15장에 나온 칭의와 17장에 나온 할례의 관계다. 창세기 15장을 보면 하나님은 아브라함의 믿음을 보시고 그를 의롭다 칭하셨다. 이것은 사도 바울의 지적처럼 행위 이전의 일이었다.

"만일 아브라함이 행위로써 의롭다 하심을 받았으면 자랑할 것이 있으려니와 하나님 앞에서는 없느니라 성경이 무엇을 말하느냐 아브라함이 하나님을 믿으매 그것이 그에게 의로 여겨진 바 되었느니라" (롬 4:2-3)

그런데 이렇게 믿음으로 의롭다고 칭하신 약속은 객관적으로 보증을 받아야 마땅하다. 구두(口頭)로만 한 약속은 불안하다. 그래서 하나님은 창세기 17장에서 아브라함에게 할례를 통해 의롭다 칭하신 언약에 대한 보증을 살에 두셨다.

"내 언약이 너희 살에 있어 영원한 언약이 되려니와" (창 17:13)

이렇게 설명하면 반드시 나오는 질문이 있다. 언약을 보증해 주시는 분이 하나님이라면 당연히 그 언약의 표는 하나님께서 주셔야 마땅하지 않는가 하는 것이다. 보증서를 하나님께서 써 주시고 아브라함이 받는 방식이 되어야 맞는다. 그런데 아브라함에게 할례(언약의 표징)를 요구한다면 그것은 행위 구원으로 이해될 수밖에 없다.

이 문제를 바울이 아주 명쾌하게 다룬다. 즉 구약이 할례 사건은 신약의 예표라는 말이다.

"오직 이면적 유대인이 유대인이며 할례는 마음에 할지니 영에 있고 율법 조문에 있지 아니한 것이라 그 칭찬이 사람에게서가 아니요 다만 하나님에게 서니라" (롬 2:29)

여기서 마음의 할례는 사람이 하지 못한다. 이것은 하나님께서 사람의 마음에 해 주셔야 한다. 마음에 하나님께서 할례를 행하셨다는 말은 자신이 언약에 참여한 존재임을 입증한다. 이것이 바로 믿음으로 의롭다 함 받음이다.

　믿음은 마음의 할례이며, 의롭다 함은 칭의다. 신자는 믿음으로 하나님의 사랑이 그 마음에 부어진 바 된다(롬 5:5). 굳은 마음이 제하여지고 살 같은 마음이 생긴다(겔 36:26). 정욕과 탐심을 십자가에 못 박게 된다(갈 5:24). 고로 바울은 그리스도의 복음을 알게 되면서 할례가 참 할례가 아니므로 억지로 할례를 강요하는 것에 대하여 강력히 반대한 것이다.

　바울의 논지는 할례는 육신에 해야 할 것이 아니라, 마음에 나타나야 한다고 한다. 그리고 이 마음의 할례는 삶 속에서 언약에 참여한 증거로 나타나야 한다. 그것이 바로 십자가의 흔적이다. 바울은 "우리 주 예수 그리스도의 십자가 외에 결코 자랑할 것이 없"(갈 6:14)다고 한다. 왜냐하면 십자가야말로 자신의 구원을 확신하는 가장 명확한 영적 할례의 표징이기 때문이다. 이 표징을 염두에 두고 바울은 "누구든지 나를 괴롭게 하지 말라 내가 내 몸에 예수의 흔적을 지니고 있노라"(갈 6:17)고 한 것이다.

　여기서도 우리가 분명히 알아야 할 점이 있다. 이 십자가의 표징(마음의 할례)이 우리의 의지로 만들어지는 것이 아니라는 사실이다. 십자가의 표징(흔적)은 성령님께서 그리스도인을 그리스도와 연합시킨 결과로 나타난다. 그래서 바울은 성령님을 "보증"이라 한다. 성령님은 우리에게 구원을 적용하실 뿐 아니라 구원을 보증하시는 분이시다.

"그가 또한 우리에게 인치시고 보증으로 우리 마음에 성령을 주셨느니라" (고후 1:22)

확신은 우리가 하는 것이 아니다. 성령님이 보증하시는 것을 통해 객관적으로 확신하게 되는 것이다. 이런 사실을 알려주는 예식이 바로 성례(세례와 성찬)다. 세례는 우리의 구원 받음의 성질을 묵상하게 하고, 성찬은 구원받은 신자가 무엇으로 생명을 유지하는가를 깨닫게 한다. 이 성찬의 정신에 우리가 부합하는 열매를 확인하게 될 때, 우리는 비로소 구원을 확신하게 된다.

마지막 네 번째로 구원의 확신이 필요한 이유는 죽음의 공포를 이기도록 하기 위해서다. 바울은 고린도전서 15장에서 그리스도인이 어떻게 사망의 공포를 이길 수 있는지 아주 잘 보여준다. 그러면 어떻게 사망의 공포를 이긴다는 것인가? 그것은 바로 부활에 대한 확신이다. 바울은 "이 썩을 것이 썩지 아니함을 입고 이 죽을 것이 죽지 아니함을 입을 때에는 사망을 삼키고 이기리라고 기록된 말씀이 이루어지리라"(고전 15:54)고 확신한다. 이 확신 속에서 바울은 "사망아 너의 승리가 어디 있느냐 사망아 네가 쏘는 것이 어디 있느냐"(55절)고 담대하게 반문한다.

이 담대함이 구원을 확신하며 죽음을 앞둔 성도들의 고백이다. 성도가 세상 사람들과 다르게 죽음을 앞두고도 담대할 수 있는 것은 하나님의 심판대 앞에서 정죄 받지 않고 결국엔 부활에 참여할 것을 확신하기 때문이다. 그러나 확신이 없는 사람은 비록 그가 구원 받은 사람이라 하더라도 이런 담대함이 나타나지 않는다.

존 번연^{John Bunyan}의 『천로역정』을 보면 크리스천이 죽음의 강을 건너는 장면이 나온다. 여기서 크리스천은 분명히 구원받은 사람이다. 그러나 죽음 앞에서 구원의 확신이 흔들리면서 불안과 두려움에 빠진다. 그런 크리스천에게 소망이 구원의 확신을 심어주면서 죽음의 강을 건너게 된다. 구원의 확신은 이런 차원에서 죽음을 앞둔 사람들에게 영적으로 큰 위로와 소망을 준다.

이제 글을 정리해 보자.

구원과 구원의 확신은 어떤 상관관계를 갖고 있는가? 구원은 확신과 관계없이 주어진다. 확신하기 때문에 구원을 받는 것이 아니다. 구원을 받은 사람이 확신하게 되는 것일 뿐이다. 그러나 확신의 주체는 우리 자신이 아니다. 성령님이다. 존 머레이 박사의 말처럼 우리가 자녀된 확신을 가지고 아바 아버지의 사랑을 말할 수 있으려면 계시의 증거와 우리 심령 속에 이루시는 성령의 내적 증거가 함께 있어야만 가능하다.[6]

성령님께서 신자들이 이미 받은 구원을 확신하게 한다. 성령께서 우리가 하나님의 자녀임을 다양한 방식으로 증거하신다.

---

6) 존 머레이, 178.

"너희가 아들이므로 하나님이 그 아들의 영을 우리 마음 가운데 보내사 아빠 아버지라 부르게 하셨느니라" (갈 4:6)

여기서 성령께서 우리가 자녀임을 증거하신다는 말은 "양자됨"을 증거하신다는 말이다(롬 8:15). 중생은 양자됨의 선행 요건이다. 이에 대한 존 머레이 박사의 주장을 들어보자.

중생시키시는 바로 그 성령이 또한 '아빠 아버지'라고 부르는 양자된 자의 심령 속에 보내진다. 그러나 양자 그 자체는 단순한 중생도 아니고 또 양자의 영도 아니다. 즉 중생은 선행 요건이고, 양자는 결과이다.[7]

머레이 교수가 "성령만이 우리 마음속에 그 확증을 줄 수 있다"는 말은 신자의 마음속에 있는 주관적인 확신이 아니다. 이 말은 성령께서 신자들로 하여금 아버지를 닮도록 한다거나, 혹은 자녀로서 간섭을 받는 것, 혹은 자녀로서 아버지의 말씀을 따르고 사랑하고 그의 거룩한 사역에 헌신하게 되는 객관적인 열매를 뜻한다.

스스로 하나님의 자녀라 하면서도 하나님을 끊임없이 거역하고 사랑하지 않으며, 마귀를 점점 닮아간다면 그는 성령의 확신하게 하는 은총이 없다고 보아야 한다.

---

7) Ibid., 177.

예수님은 이런 사람들을 향하여 "너희는 너희 아비 마귀에게서 났으니 너희 아비의 욕심대로 너희도 행하고자 하느니라 그는 처음부터 살인한 자요 진리가 그 속에 없으므로 진리에 서지 못하고 거짓을 말할 때마다 제 것으로 말하나니 이는 그가 거짓말쟁이요 거짓의 아비가 되었음이라"(요 8:44)고 책망하셨다.

바울은 성령께서 성도의 마음속에 이런 자녀다운 변화가 나타나는 확증을 "성령의 보증"이라고 한 것이다. 바울은 구원받은 성도들에겐 이런 보증이 나타나야 한다고 다음과 같이 가르쳤다.

"그가 또한 우리에게 인치시고 보증으로 우리 마음에 성령을 주셨느니라"
(고후 1:22)

"곧 이것을 우리에게 이루게 하시고 보증으로 성령을 우리에게 주신 이는 하나님이시니라" (고후 5:5)

무엇보다 구원을 확신하게 하는 성령이 보증은 마음의 할례라고 할 수 있다. 마음의 할례는 신명기 30장 6절의 말씀처럼 "마음을 다하며 뜻을 다하여 네 하나님 여호와를 사랑하게 하사 너로 생명을 얻게 하실 것"을 말한다. 이것은 그리스도의 마음이다. 그러므로 바울은 "예수 그리스도께서 너희 안에 계신 줄을 너희가 스스로 알지 못하느냐 그렇지 않으면 너희는 버림 받은 자니라"(고후 13:5)고 경고한다.

사도 바울은 갈라디아서 6장에서 그리스도께서 우리 안에 계신 줄 아는 것과 마음의 할례를 연결하여 십자가를 구원의 확신의 근거로 다음과 같이 설명한다.

"이 후로는 누구든지 나를 괴롭게 하지 말라 내가 내 몸에 예수의 흔적을 지니고 있노라 형제들아 우리 주 예수 그리스도의 은혜가 너희 심령에 있을지어다 아멘"(갈 6:17-18)

☞ **구원과 구원의 확신 정의**

구원이란 타락한 인간이 하나님과 관계가 회복되어 하나님의 형상을 회복하는 것이며, 확신은 이 회복을 성령의 보증을 통해 얻게 된다.

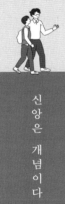

신앙은 개념이다

09

온전

09
온전

성경은 하나님의 언약 백성들에게 '온전'(perfection)을 요구하는 명령들로 가득하다. 온전이라는 단어는 다른 말로 '완전'이라는 말로 바꾸어 말할 수 있다. 이 단어는 히브리어로 '타밈'(תָּמִים)으로, 헬라어로는 '텔레이오스'(τέλειος)로 표기된다. 이는 '온전', 혹은 '완전'이라는 단어는 구약과 신약에서 하나님이 그의 백성들의 도덕적 행동과 헌신, 혹은 제물에 요구되는 항목이었다.

하나님께서 아브라함과 할례의 언약을 맺으시기 전에 그에게 요구하셨던 것도 "나는 전능한 하나님이라 너는 내 앞에서 행하여 완전하라(תָּמִים, perfect)"(창 17:1)는 것이었다.

하나님은 그의 백성들에게 '온전한' 번제물(시 51:19)을 드리라고 명령하시거나, 행위의 '온전'(잠 11:20)을 찾기도 하시며, '온전한' 예배(요 4:24), '온전한' 십일조(말 3:10) 등을 요구하신다.

우리가 잘 아는 여리고 전쟁에서 하나님께서 이스라엘 백성들에게 요구하신 전쟁은 가나안 땅의 백성들을 '온전히' 진멸하고 그 땅에 있는 모든 재물을 '온전히' 하나님께 다 바치는 것이 언약의 조건이었다. 여기에 조금이라도 부족하면 하나님의 진노가 임했다.

신약에 와서도 예수님은 "하늘에 계신 너희 아버지의 온전하심과 같이 너희도 온전하라"(마 5:48)고 명령하셨다.

이렇듯 성경이 완전을 요구하고 있기 때문에 초기 기독교 이단이나 천주교에서는 완전한 선행을 가르쳐 왔다.

그러나 문제는 온전하라(be perfect)는 명령이 전적으로 타락한 인간에게 결코 불가능하다는 점이다. 본래 온전(완전)이라는 단어는 원죄 없는 사람이나 하나님에게만 요구 가능한 단어이다. 원죄를 가지고 태어난 인간에게 이 명령은 결코 불가능하다. 이것은 기능의 문제로서 타락한 인간은 하나님 앞에 온전한 삶을 살 기능 자체가 없다.

그럼에도 불구하고 온전에 대한 명령은 구약과 신약 전체에서 언약 백성들에게 공통적으로 요구되는 필수 사항이다. 그렇다면 우리는 과연 이 단어를 어떻게 이해하고 적용해야 할지 고민하지 않을 수 없다. 이것이 문자적으로 완전한 삶을 요구하는 것인지, 아니면 완전을 상징적으로 이해할 것인지, 혹은 이것을 신학적으로 이해해야 할 것인지 고민하지 않을 수 없다.

일차적으로 염두에 두어야 할 것은 우리 개신교가 '온전'이라는 용어를 율법에 대한 인간의 타락과 무능을 드러내기 위한 단어로 이해한다는 것이다. 쉽게 말해서 우리는 결코 하나님의 공의 앞에서 온전할 수 없으므로 예수 그리스도를 통한 복음의 필요성을 깨닫게 된다는 말이다. 율법은 이러한 사실을 끊임없이 폭로한다. 율법은 우리가 하나님 앞에서 결코 온전할 수 없으며, 온전할 수 없는 인간은 하나님의 진노 아래 있음을 깨닫게 한다. 그리하여 율법은 우리를 그리스도께 인도하는 초등교사의 역할을 한다(갈 3:24). 다시 말해서 율법은 우리가 하나님 앞에서 온전할 수 없으므로 오직 그리스도 안에 있는 하나님의 의를 덧입지 않으면 안 될 당위성을 제시한다.

고로 우리 개신교는 예수님께서 공생애 기간 동안 마지막 아담으로 오셔서 온전히 율법을 완성하셨으므로 우리는 더 이상 구원을 얻기 위해 율법이 요구하는 온전함에 부담을 가질 필요가 없다고 주장한다. 이것이 칭의이다. 칭의란 신자가 더 이상 자신의 의로 의롭다 함을 추구하지 않고 오직 그리스도의 전가된 의만으로 하나님 앞에 설 수 있다는 말이다. 그러므로 우리는 율법의 정죄로부터 자유롭다고 믿는다. 이 가르침과 주장은 분명히 성경적으로 맞는 말이다.

그러나 문제는 이 교리를 바르게 이해하지 못한 사람들은 이 가르침을 무율법주의로 이해한다는 것이다. 그들은 믿음으로 예수 그리스도의 의를 덧입어 구원을 받은 성도들이 율법이 요구하는 온전으로부터 자유롭게 되었기 때문에 율법의 요구를 무시하며 살아도 된다고 생각한다. 이들은 신자가 율법적 온전을 추구하는 태도를 율법주의요, 그리스도의 공로를 무시하는 불신앙이라고 주장한다. 따라서 온전을 열망하는 태도는 그리스도께서 주신 자유를 스스로 거부하는 것이라고 공격한다.

이런 견해를 가진 사람들의 주장은 그들의 의도와 무관하게 결국 무율법주의에 둥지를 틀고 만다.

오늘날에도 이런 견해를 따르는 사람들이 많다. 그 대표적인 이단이 바로 '구원파'다. 그러나 구원파만 이런 태도를 견지하는 것은 아니다. 믿음으로 말미암은 칭의에 대한 이해가 부족한 장로교회들 가운데도 이런 태도를 견지하는 교회들이 의외로 많다.

이런 견해를 따라가는 사람들 가운데 상당수의 사람들은 구원파 교인들처럼 결국 율법적 방종으로 빠져들거나 혹은 거룩한 삶에 대한 열망을 상실하게 되었다.

이와 반대로 온전에 대한 가르침을 잘못 이해한 또 다른 부류의 사람들은 지나친 율법주의나 수도원주의에 빠지는 경향을 보이기도 한다. 율법주의에 빠진 사람들의 공통점은 모든 율법을 다 지키지 못함에도 불구하고 특정한 율법에 대하여 엄격한 복종을 강조한다. 그리고 그들은 이런 율법적 복종을 하지 못하는 사람을 정죄한다. 그 대표적인 이단이 바로 안식일 준수나 절기 준수를 절대화하는 종파들이다. 이들 가운데는 안식교, 여호와의 증인, 혹은 하나님의 교회 등이다. 이들은 분명히 율법을 온전히 다 지키지 못하고 있다. 그럼에도 불구하고 그들은 안식일 준수나 절기를 다른 정통 교회들보다 철저하게 지키고 있으므로 종교적 우월감을 갖고 있다. 그리고 안식일이나 절기를 지키지 않는 교회들을 정죄한다.

그러나 이들의 이런 태도는 바울의 가르침에 정면으로 위배된다. 바울은 분명히 "무릇 율법 행위에 속한 자들은 저주 아래에 있나니 기록된 바 누구든지 율법 책에 기록된 대로 모든 일을 항상 행하지 아니하는 자는 저주 아래에 있는 자라 하였음이라"(갈 3:10)고 가르친다. 뿐만 아니라 바울은 더 강하게 "내가 하나님의 은혜를 폐하지 아니하노니 만일 의롭게 되는 것이 율법으로 말미암으면 그리스도께서 헛되이 죽으셨느니라"(갈 2:21)고 강변한다.

안식일과 절기를 비롯하여 율법의 모든 요구는 그리스도를 나타내는 그림자에 불과하다. 예수님은 제자들에게 "모세의 율법과 선지자의 글과 시편에 나를 가리켜 기록된 모든 것"(눅 24:44)이라고 분명하게 가르치셨다. 그렇다면 실체가 이미 오신 상태에서 그림자를 붙들고 있는 것은 바울의 표현처럼 그리스도의 죽음을 헛되게 만드는 것일 뿐이다.

율법적 온전을 추구하는 자들 가운데는 안식일이나 절기가 아닌 도덕적 온전을 추구하는 자들도 있다. 이들은 율법적 온전을 이루기 위해 금욕주의적 수행에 심취한다. 이런 사람들은 일상의 삶을 살면서는 온전을 추구하는 것이 결코 불가능하다고 판단하여 세상과 단절하여 기도원이나 수도원에 살기도 한다. 마치 불교처럼 말이다.

수도원주의는 인위적인 방식으로 율법적 온전을 추구함으로써 성속(聖俗)을 구분하는 이원론적 신앙형태를 만듦으로 스스로 고행을 추구하는 이방 종교의 형태(플라톤주의 이원론)로 나타나게 된다. 그 결과 온전은 사라지고 바리새인들처럼 율법주의 위선만 가득하게 된다.

500년경 전에도 이 문제로 말미암아 심각한 고민을 했던 사람이 있었다. 그는 바로 종교개혁자 마틴 루터$^{Martin Luther}$였다. 루터는 온전하지 못한 죄인이 하나님의 심판을 벗어날 수 없다는 사실을 자각하고 몹시 괴로워했던 인물이다.

그 고민은 루터로 하여금 수도원을 선택하게 했다. 그리고 수도원 안에서 끊임없는 선행과 자선, 고행과 고해성사, 그리고 기도를 힘썼다. 그러나 결국 자신에게 돌아오는 결론은 결코 하나님 앞에서 온전할 수 없다는 절망뿐이었다. 그는 자기 힘으로 온전함에 도달하려 하면 할수록 자신의 의가 심판하시는 하나님 앞에서 누더기 같을 뿐이라는 사실만 명확하게 확인할 뿐이었다. 그의 이런 반응은 정말 솔직하고 정직한 것이다. 왜냐하면 상당수의 사람들은 이런 자신의 실존을 인정하려 들지 않고 스스로를 속이려 하기 때문이다.

놀라운 사실은 이런 절망 가운데서도 루터는 '온전함'을 추구하는 것을 포기하지 않았다는 점이다. 그는 일반 사람들에게 흔히 나타나는 것처럼 더 이상 고민하는 수고를 멈추고 온전에 대하여 막연한 태도를 견지하지 않았다. 그렇다고 해서 당시 유행했던 철학의 논리에 자신의 불완전한 의를 합리화하려 하지도 않았다. 아니 그럴 수 없었다. 그는 자신의 영혼의 문제를 포기하지 않고 성경에서 답을 찾기 위해 구하고 찾고 두드리는 노력을 쉬지 않았다.

물론 루터의 이런 끈기 있는 태도와 열정은 성령님께서 그의 영혼을 사로잡으신 결과였음이 분명하다. 이 모든 영광은 거룩하신 성삼위 하나님께 돌려져야 마땅하다. 그럼에도 불구하고 포기하지 않는 씨름의 결과로 루터는 로마서에서 결국 답을 찾게 되었다. 그는 성경의 가르침대로 포기 하지 않고 구함으로 받았고, 찾음으로 찾아냈으며, 두드림으로 열리는 영광을 경험한 것이다(마 7:8).

그가 이렇게 구하고 찾고 두드리는 가운데 비로소 깨닫게 된 유명한 성경 구절이 바로 "오직 의인(온전한 자)은 믿음으로 말미암아 살리라"(롬 1:17)는 것이다.

루터는 성경이 언약 백성들에게 요구하는 '온전'이라는 단어가 바로 '믿음'에서 그 실체를 드러낸다는 것을 깨닫게 된 것이다. '의인', 다시 말해서 '온전한 자'는 믿음으로만 가능하다는 것을 알게 된 것이다.

그렇다면 루터를 비롯한 개혁자들이 성경을 통해서 깨달은 온전의 개념은 무엇인가?

앞에서 언급한 대로 '그리스도로부터 전가된 온전(완전)'을 말한다. 성경이 요구하는 온전은 결코 행위적인 완전함을 말하는 것이 아니다. 그리스도로부터 전가된 완전을 말한다. 다시 말한다면 나의 완전이 아니라 그리스도와 연합된 결과로 자신을 통해 나타나는 완전을 말한다. 이것은 성령님께서 신자를 그리스도와 연합하도록 하심으로 신자를 통해 나타나는 완전이다. 그러므로 이런 은혜를 경험한 성도들은 주님의 명령을 수행한 후에 그 모든 영광을 주님께 돌리게 된다.

"너희도 명령 받은 것을 다 행한 후에 이르기를 우리는 무익한 종이라 우리가 하여야 할 일을 한 것뿐이라" (눅 17:10)

이러한 고백이 어떻게 가능한지 이해되지 않는 사람은 사도 바울이 로마서 7장에서 자신이 죄와 연합된 상태에서 했던 고백을 염두에 둔다면 이해가 쉽다.

"이제는 그것을 행하는 자가 내가 아니요 내 속에 거하는 죄니라" (롬 7:17)

"만일 내가 원하지 아니하는 그것을 하면 이를 행하는 자는 내가 아니요 내 속에 거하는 죄니라" (롬 7:20)

사도 바울이 "내가 원하지 아니하는 그것을 하면 이를 행하는 자는 내가 아니요 내 속에 거하는 죄니라"고 한 말의 의미가 무엇인가? 그것은 우리 죄가 우리의 힘으로 일어나는 것이 아니라 죄의 권세와 힘으로 일어난다는 말이다. 이 논리는 죄에 대한 자기 책임을 회피하려는 말이 아니다. 우리가 죄를 범하게 되는 것은 예수님의 표현대로 죄의 노예가 된 상태의 결과라는 뜻이다.

"예수께서 대답하시되 진실로 진실로 너희에게 이르노니 죄를 범하는 자마다 죄의 종이라" (요 8:34)

사람이 죄를 범하고 온전한 삶이 불가능한 이유는 바로 죄의 지배 때문이다. 죄와 사망의 권세가 사람들로 하여금 하나님의 명령을 온전히 따를 수 없게 한다. 이것이 바로 타락한 사람이 온전한 삶을 사는 데 기능적으로 불가능하다는 말의 뜻이다.

그런데 성령께서 믿음을 통해 신자를 그리스도의 온전에 연합하게 한다. 그것은 바로 사랑이다. 성령께서는 신자에게 믿음을 주시고, 그 믿음은 우리에게 율법과 선지자의 대강령을 추구하게 한다. 즉 마음을 다하고 뜻을 다하고 힘을 다하고 지혜를 다하고 목숨을 다하여 주 하나님을 사랑하게 한다는 말이다. 이 사랑이 율법의 완전을 이루는 원동력이 된다는 말이다. 이것을 바울은 "사랑은 율법의 완성이니라"(롬 13:10)는 말로 설명했다.

그러나 여기서 오해하지 말아야 할 것이 있다. 그것은 신자가 성령으로 거듭났다고 해서 실제로 온전한 삶을 사는 천사가 된다는 말이 아니라는 것이다. 이것은 율법으로부터의 자유와 관련을 맺는다. 다시 말해서 신자는 하나님께서 요구하시는 율법의 온전 문제를 더 이상 의무적으로 추구하지 않는다는 말이다. 신자는 율법의 요구를 자발적이고 적극적이며 능동적으로 추구한다. 왜냐하면 신자는 율법의 정신인 하나님의 사랑이 그 심령에 부어짐을 받은 자들이기 때문이다.

이로 인해서 신자의 삶 속에 부분적인 온전의 삶이 나타나게 된다. 조직신학에서 흔히 가르치는 것처럼 완전 성화는 이 땅에서 이루어지지 않지만 부분적인 온전이 열매로 나타난다는 말이다.

이러한 성경의 가르침을 명확하게 이해하기 위해 우리는 마태복음 19장에 나오는 부자 청년 사건을 살펴보아야 한다.

이 청년은 예수님께 자신이 어렸을 때부터 율법의 모든 조항을 다 지켰다고 자부하며 "내가 무슨 선한 일을 하여야 영생을 얻으리이까"하고 질문한다. 이 청년에게 주님은 "네가 온전(perfect)하고자 할진대 가서 네 소유를 팔아 가난한 자들에게 주라 그리하면 하늘에서 보화가 네게 있으리라 그리고 와서 나를 따르라"(마 19:21)고 말씀하셨다.

여기서 예수님이 온전과 관련하여 율법을 언급했다는 점을 기억해야 한다. 왜냐하면 율법의 온전을 가르치시는 주님은 은연중에 사랑이 율법의 완성임을 암시하시고 있기 때문이다.

이와 아울러 이 말씀에서 우리가 주의를 집중해야 할 점이 있다. 청년은 '영생'을 얻기 위해 '어떤 행위를 해야 하느냐'고 질문을 던졌고, 예수님은 그 질문을 '온전'과 결부시키셨다는 사실이다. 이 문제와 관련하여 예수님은 제자들에게 부자 청년에게 요구한 온전의 문제는 그 자체로 "낙타가 바늘 귀로 들어가는 것"(마 19:24)처럼 불가능한 것임을 가르치셨다.

흥미로운 점은 이렇게 불가능한 온전의 문제에 대하여 예수님은 제자들에게 무율법주의를 가르치지 않으셨다는 점이다. 예수님은 단지 온전한 삶이 "사람으로는 할 수 없"을 뿐이지 "하나님으로서는 다 하실 수 있다"고 가르치셨다. 이 말씀은 성경이 가르치는 온전이 사람의 의지에 대한 호소가 아니라 하나님의 은혜에 대한 호소라는 점을 상기시킨다. 다시 말해서 자연인들에게 '온전한 삶'은 불가능하지만, 영생을 소유한 하나님의 백성들에게는 '온전한 삶'이 나타날 것이라는 말이다.

칼빈도 다음과 같은 말로 동의한다.

"만일 그 사람(부자 청년)이 자기가 생각한 만큼 율법을 잘 지켜온 사람이었더라면, 이 말씀을 듣고서 근심하며 돌아가지는 않았을 것이다(마 19:22). 온 마음으로 진정 하나님을 사랑하는 사람이라면 하나님을 향한 사랑을 대적하는 것은 무엇이든 다 쓰레기로 여길 것이며, 또한 그것을 마치 끔찍한 재난처럼 여겨서 거기서 도망하기 마련일 것이기 때문이다."

이 주장이 정당하다면 믿음으로 의롭게 된다고 한 루터의 인식이 어떻게 온전함과 관련을 맺고 있는 것인지 질문하게 된다.

성경의 논리는 명쾌하다. 먼저 우리는 분명히 온전할 수 없다. 이것은 사람으로는 할 수 없는 일이다. 고로 이 문제는 오직 하나님만 하실 수 있다.

그러면 하나님께서 어떻게 하실 수 있다는 것인가? 하나님은 성령님을 통해 우리에게 믿음을 주시고, 그 믿음으로 우리를 그리스도와 연합시켜 이 모든 것이 가능하게 하신다.

성도는 오직 믿음으로 그리스도와 한 마음, 한 뜻으로 연합되어 율법을 그리스도의 마음으로 온전을 추구하게 된다.

성도가 그리스도와 한 마음으로 연합된다는 것은 무엇인가?

선지자와 율법의 대강령처럼 마음을 다하고 뜻을 다하고 힘을 다하고 지혜를 다하고 목숨을 다해서 주 하나님을 사랑하게 되는 것이다. 그리고 그 사랑 안에서 이웃을 내 몸처럼 사랑하게 된다. 이렇게 함으로써 사랑은 율법의 완성임(온전)을 알게 된다.

성도에게 요구되는 온전이란, 행위가 배제된 피상적(皮相的)인 온전이 아니다. 분명한 행위를 동반한 온전이다. 그러나 그 행위가 단순한 나의 행위가 아니라 그리스도를 통한 나의 행위일 뿐이다. 그것을 행하는 자가 내가 아니요 내 속에 거하시는 주님이라는 말이다.

이는 마치 바울이 로마서 7장에서 거듭난 이후에 죄를 범하는 자기의 실존을 언급할 때, "그것을 행하는 자가 내가 아니요 내 속에 거하는 죄니라"(롬 7:17)고 한 것과 같은 논리이다.

물론 성도는 이 세상에서 율법적으로 완전한 삶을 살 수는 없다. 율법적으로 완전한 삶을 살 수 없지만 그들의 목표는 항상 온전함에 맞춰져 있다. 신자의 심령이 온전에 초점이 맞춰진 것은 '사랑'의 속성 때문이다. 이 사랑 때문에 종교개혁자들의 주장처럼 개혁된 교회는 항상 개혁되어야 한다고 외칠 수밖에 없다. 한 번의 개혁으로 만족하지 않고 항상 개혁을 추구하게 되는 것은 온전에 대한 열망의 태도를 보여준다.

따라서 신자는 아무리 거룩하고 경건한 삶을 살고 있다고 하더라도 결코 만족하지 못한다. 더 온전한 삶, 더 온전한 거룩에 목마르고 가난한 심령을 소유하게 된다(마 5:3,6). 결코 현재의 의에 만족할 수 없다.

이런 이유 때문에 프란시스 쉐퍼는 온전과 관련하여 신자가 추구해야 할 삶의 태도를 다음과 같이 언급했다.

우리는 완전성보다 낮은 모든 표준을 반대하지 않으면 안 된다. 우리는 이 표준을 할 수 있는 한 진지하게 지키지 않으면 안 된다. 이와 같은 표준의 총체성 그 이하의 것은 충분하지 않다.[8]

그러나 이렇게 율법적인 온전함을 추구한다고 해서 그것이 율법적 온전을 의미하지 않는다. 이는 하나님을 마음과 뜻과 힘과 지혜와 목숨을 다해서 사랑하는 동기의 온전이다. 하나님의 값없이 거저 주시는 사랑과 은혜에 대한 반응으로서의 온전이다. 사랑으로 역사하는 믿음이다(갈 5:6). 이는 마치 부모에게 받은 은혜를 깨달은 자녀가 부모를 향하여 가진 효행을 다할지라도 결코 자만하지 못하고 부끄러워하게 되는 온전이다.

마치 예수님께서 "이와 같이 너희도 명령 받은 것을 다 행한 후에 이르기를 우리는 무익한 종이라 우리가 하여야 할 일을 한 것뿐이라 할지니라"(눅 17:10)고 고백하는 온전과 같다. 또는 두 렙돈을 헌금한 과부가 자신의 전 재산을 하나님께 바치고서도 더 드리지 못한 것을 부끄러워하는 온전과 같다.

그러므로 믿음에 의해 사랑으로 연합된 온전은 율법적 행위보다 결코 못한 행위는 아니다. 왜냐하면 예수님께서 "너희 의가 서기관과 바리새인보다 더 낫지 못하면 결코 천국에 들어가지 못하리라"(마 5:20)고 말씀하셨기

---

8) 프란시스 쉐퍼, 『기독교와 현대사상』 홍치모 역 (성광문화사, 1995), 250.

때문이다.

☞ **온전의 정의**

온전이란 그리스도 안에서 하나님의 사랑으로 율법을 충성되게 준행하려는 태도이다.

신앙은 개념이다

10

안식

10
안식

육체의 한계를 가지고 있는 인간에게 쉼은 반드시 필요하다. 쉼이란 힘겨운 노동이 있을 때 그 가치와 의미를 갖게 된다. 우리는 쉼 없는 노동이 고통인 것처럼 생각을 한다. 그러나 노동이 없는 쉼 역시 고통이다. 사람이 일을 하지 않고 쉬기만 한다면 그 쉼은 노동보다 더 큰 고통이 될 뿐이다. 인간은 인생의 의미를 쉼이 아니라 노동에서 찾기 때문이다. 쉼은 노동에서 그 가치를 인정받는 것이다.

쉼이 가지고 있는 이런 특징을 염두에 둘 때, 쉼은 고된 노동을 전제로 하는 표현임을 알 수 있다. 예수님도 말씀하시기를 "수고하고 무거운 짐 진 자들아 다 내게로 오라 내가 너희를 쉬게 하리라"(마 11:28)고 하셨다. 이 말씀 속에서도 예수님은 쉼을 약속하는 대상을 한정적으로 언급하고 있다. 그것은 "수고하고 무거운 짐을 진 자들"이다. 다시 말해서 고된 노동의 수고와 무거운 짐으로 인한 고통을 받는 사람들이라고 생각하는 사람들에게만 한정적으로 쉼을 약속하고 계신 것이다.

이러한 예수님의 어법은 복음서에서 자주 사용된 어법이다. 예를 들어, "건강한 자에게는 의사가 쓸 데 없고 병든 자에게라야 쓸 데 있느니라 나는 의인을 부르러 온 것이 아니요 죄인을 부르러 왔노라"(막 2:17)고 하신 말씀과 "나는 의인을 부르러 온 것이 아니요 죄인을 부르러 왔노라"(마 9:13)는 말씀이 바로 그것이다.

의사는 자신이 심각한 질병에 빠진 사람이라고 인정하는 사람에게 그 가치를 인정받는다. 예수님은 자신이 죄인임을 심각하게 자각하는 사람에게 필요하다. 마찬가지로 안식은 자신에게 쉼이 없음을 자각하는 사람들에게 제공되는 것이다.

쉼이 없다는 말은 두 가지 의미가 있다. 첫째는 하나님의 백성이 주님이 일을 위해 극심한 수고와 헌신을 하고 있는 상태를 말하고, 둘째는 죄의 억압으로 인해 심령에 쉼이 없는 상태가 바로 그것이다. 예수님은 이 두 종류의 사람들에게 쉼을 주신다.

그러면 예수님은 쉼이 없는 인간에게 '어떻게', 또는 '어떤' 쉼을 주신다는 것인가?

성경에서 쉼에 해당하는 단어는 '안식'이다. 안식이란 단어는 창세기 2장에서 처음 등장한다. 하나님께서 6일 동안 창조 활동을 하신 후에 제7일에 안식하셨다고 한다.

"하나님이 그가 하시던 일을 일곱째 날에 마치시니 그가 하시던 모든 일을 그치고 일곱째 날에 안식하시니라" (창 2:2)

여기서도 안식은 고된 노동 후에 쉬는 것을 의미하고 있다. 노동을 모르는 사람에게 안식은 가치도, 의미도 없다.

우리는 이 구절에 대하여 한 가지 의문을 품게 된다. 하나님은 인간처럼 노동을 하신 후에 쉼이 필요한 존재는 아니라는 점이다. 그런데 하나님은 6일간 창조를 하신 후에 제7일에는 안식하셨다고 한다. 우리는 이 표현을 어떻게 이해해야 하는가.

여기서 안식을 하셨다는 말은 분명히 노동을 마치고 쉬셨다는 의미이다. 그러나 이 안식은 인간처럼 하나님께서 고된 노동 후에 쉼이 필요했음을 의미하지 않는다. 전능하시고 영이신 하나님께 노동 후의 쉼이란 필요가 없다. 이것은 인간과 피조물들에게 복을 주시기 위한 것일 뿐이다. 이러한 사실은 출애굽기 20장 11절에서 일곱째 날을 여호와께서 "복되게 하사 거룩하게" 하셨다는 말씀 속에 잘 내포되어 있다. 다시 말해서 하나님의 안식은 하나님 자신을 위한 것이 아니라 피조물, 특히 사람을 위한 행위였던 것이다.

이러한 사실은 예수님께서 "안식일이 사람을 위하여 있는 것이요 사람이 안식일을 위하여 있는 것이 아니니"(막 2:27)라는 가르침 속에서 더욱 선명히 드러난다.

그러면 일곱째 날의 안식이 어떻게 복된 날이 된다는 것인가?

그것은 이 날을 통해서 '영원한 안식'을 바라보게 하기 때문이다. 영원한 안식이란 무엇인가? 하나님 나라, 혹은 천국을 말한다. 그러면 하나님의 나라란 무엇인가? 한마디로 말해서 하나님께서 통치하시는 나라를 말한다. 단순히 죽어서 가는 나라가 아니라 하나님께서 통치하시는 상태를 하나님의 나라라고 한다.

하나님 나라의 개념을 이렇게 이해하게 될 때, 성경이 하나님 나라에 들어가기 이전의 상태를 죄의 노예 된 상태라고 말하는 것을 이해할 수 있게 된다. 사탄의 나라는 죄의 혹독한 억압으로 인해 쉼이 없는 상태이고, 반대로 하나님의 나라는 하나님의 통치 안에서 죄와 사망의 통치로부터 자유로운 상태라고 할 수 있다. 이것이 바로 안식이다. 그래서 천국을 안식의 나라라고 한다.

그러므로 하나님께서 제7일에 자신의 일을 쉬신 것처럼, 예수 그리스도로 말미암아 하나님의 안식에 들어간 사람은 자기의 일을 쉬게 된다고 한다.

그러면 자신의 일이 무엇인가? 하나님께서 자신의 일을 쉬신 것이라고 할 때는 창조 행위를 말한다. 그러나 사람에게 '자기 일'은 하나님의 말씀을 거역하고 육체의 만족을 위해서 사는 죄의 노예 생활을 말한다. 죄의 노예 가운데 사는 사람들은 안식이 없다. 그 속에 천국의 기쁨이 없다는 말이다.

이러한 사실은 히브리서 기자가 안식에 들어가길 바라는 사람들을 향하여 던진 경고에 아주 잘 나타난다.

"또 하나님이 사십 년 동안 누구에게 노하셨느냐 그들의 시체가 광야에 엎드러진 범죄한 자들에게가 아니냐 또 하나님이 누구에게 맹세하사 그의 안식에 들어오지 못하리라 하셨느냐 곧 순종하지 아니하던 자들에게가 아니냐 이로 보건대 그들이 믿지 아니하므로 능히 들어가지 못한 것이라" (히 3:17-19)

이것은 아담과 하와가 에덴 동산이라는 안식처에서 추방된 이유와 그대로 일치한다. 아담과 하와가 에덴이라는 안식처에서 추방된 이유는 하나님을 믿지 않고 불순종했기 때문이다. 따라서 우리가 그의 안식 안에 들어가는 방식은 하나님을 믿고 순종함(회개함)으로 안식처(하나님의 나라)에 들어가게 된다.

그러면 안식, 혹은 안식일이라는 뜻은 구체적으로 무엇인가? 안식은 하나님과 온전히 연합한 상태를 말한다면, 안식일은 하나님과 연합한 삶을 사는 날을 말한다. 이것은 더 이상 죄의 지배를 받지 않는 자유의 삶을 말한다.

"진리를 알지니 진리가 너희를 자유롭게 하리라" (요 8:32)

그렇다. 안식이란 죄와 육체의 지배로부터 해방된 상태를 말한다. 그렇다면 안식이라는 말은 영생과 같은 의미를 가지고 있다고 할 수 있다. 왜냐하면 영생이란 우리가 흔히 이해하는 것처럼 영원히 사는 것을 말하는 것이 아니라(물론 영원히 살지만), 하나님의 말씀을 온전히 따르는 삶을 말하기 때문이다. 이러한 사실은 예수님의 가르침에 아주 잘 나타난다.

"나는 그의 명령이 영생인 줄 아노라" (요 12:50)

우리는 이제 안식이라는 단어가 하나님과 갈등이 없는 상태를 말한다는 점을 알 수 있을 것이다. 실제로 구약 율법에서 요구하는 안식일 준수의 명령은 하나님과 갈등하지 않고 하나님의 명령을 즐거워하는 자만이 하나님이 백성임을 예표한다. 따라서 성경은 하나님과 갈등하는 상태를 안식이 없다고 말하며, 그 안식 없음의 절정을 지옥 심판으로 표현한다.

"그 고난의 연기가 세세토록 올라가리로다 짐승과 그의 우상에게 경배하고 그의 이름 표를 받는 자는 누구든지 밤낮 쉼을 얻지 못하리라 하더라" (계 14:11)

그러나 안식은 단순히 하나님과 갈등이 없는 상태만을 말하지 않는다. 이것은 소극적 표현이라고 할 수 있으며, 적극적인 표현으로 한다면 하나님과 사랑하는 관계를 말한다. 단순히 갈등 없는 상태가 아니라 하나님을 뜨겁게 사랑하는 것으로 인해 갈등이 없어진 것이다.

이렇게 하나님을 사랑하는 태도를 '율법'이라고 한다. 율법은 구원을 위한 의무조항이 아니다. 예수님께서 가르치신 대로 율법의 대강령은 '하나님 사랑과 이웃 사랑'이다. 사랑 안에 율법의 온전한 준수가 있고, 율법의 온전한 준수 안에 '안식'이 있다. 율법의 준수는 억압이 아니다. 죄와 육체로부터의 자유이며 사랑의 표현이다. 이로 인해서 인간은 더 이상 하나님과 갈등할 이유가 없다.

안식의 문제에서 우리가 분명히 기억해야 할 것이 있다. 그것은 안식일의 주인이 주님이시라는 점이다.

"인자는 안식일의 주인이니라 하시니라" (마 12:8)

주님이 안식일의 주인이라는 사실은 안식의 주도권이 하나님께 있다는 뜻이다. 쉽게 말해서 안식이 인간의 방식에 의하여 결정되지 않고 하나님의 뜻과 방식을 따를 때에만 주어진다는 뜻이다. 그렇기 때문에 구약에서 안식일은 "나의 안식일"이라고 언급된다.

따라서 안식일적 삶이란 그의 택한 백성들이 더 이상 자기를 위해서 자기 방식대로 살지 않고 하나님의 뜻과 하나님의 방식대로 헌신하는 삶을 말한다.

"우리 중에 누구든지 자기를 위하여 사는 자가 없고 자기를 위하여 죽는 자도 없도다" (롬 14:7)

안식일적 삶이 자기를 위해 살지 않고 하나님을 위해서 사는 것임에도 불구하고 주님은 안식일이 사람을 위한 것이라고 가르치신다.

"또 이르시되 안식일이 사람을 위하여 있는 것이요 사람이 안식일을 위하여 있는 것이 아니니" (막 2:27)

우리는 이 말씀을 어떻게 이해할 수 있는가? 이 말씀을 이해하려면 우리는 서론에서 던졌던 의문에 다시 집중해야 한다. 서론에서 우리는 전능하신 하나님께서 창조 사역을 마치신 후에 굳이 쉴 필요가 없었다고 추론했다. 그럼에도 불구하고 제7일에 쉬셨다는 점이 우리의 의문이었다. 예수님의 이 말씀은 그 이유를 아주 잘 설명해 준다. 즉 제7일에 쉬신 이유는 바로 사람을 위해서였다는 것이다.

그러면 왜 안식일이 사람을 위한 날인지 질문을 던지게 된다. 표면적으로 보면 안식일은 타락한 인간의 입장에서 보면 숨이 막히는 날이다. 안식일은 자기를 위해서 살지 못하고 오로지 하나님만을 위해서 살아야 하는 날이다. 그런데 어떻게 안식일이 사람을 위한 날이라는 말인가? 이 무슨 궤변인가?

이 질문에 대한 대답은 하나님과 관계를 회복한 사람들만 이해할 수 있다. 왜냐하면 안식일적 삶이란 하나님과 사랑하는 삶을 말하기 때문이다. 이는 마치 사랑하는 사람이 서로를 아끼고 사랑하면 그 시간은 상대방을 위한 삶이면서 동시에 자신을 위한 삶인 것과 같다. 그러나 하나님을 사랑하지 않는 사람들에게 안식일적 삶은 사랑하지 않는 대상을 향해 억지로 자기를 희생하고 사랑을 강요받는 날로 여겨질 수밖에 없다.

분명한 사실은 이 안식일적 삶이 영원한 안식(천국)을 미리 바라보고 맛보게 한다는 점이다. 따라서 영원한 천국의 삶을 살게 되는 사람은 이 땅에서 완전하지는 않지만 이미 시작된 안식을 맛보게 된다.

예수님은 공생애 기간 동안에 하나님과 갈등하던 세리와 창기들이 하나님과 더 이상 갈등하지 않고 회개하는 것을 보고, 그들이 이미 안식에 들어갔음을 선언하셨다(마 21:31). 예수님은 세리 삭개오의 회개(안식)를 보시고 "이 사람도 아브라함의 자손임이로다"(눅 19:9) 라고 선언하셨다.

이와 반대로 히브리서 기자는 영원한 안식에 들어가길 소망하는 사람들을 향하여 하나님의 명령을 듣고 그 마음을 강퍅하게 하지 말라고 다음과 같이 경고한다.

"성경에 일렀으되 오늘 너희가 그의 음성을 듣거든 격노하시게 하던 것 같이 너희 마음을 완고하게 하지 말라 하였으니 듣고 격노하시게 하던 자가 누구냐 모세를 따라 애굽에서 나온 모든 사람이 아니냐 또 하나님이 사십 년 동안 누구에게 노하셨느냐 그들의 시체가 광야에 엎드러진 범죄한 자들에게가 아니냐 또 하나님이 누구에게 맹세하사 그의 안식에 들어오지 못하리라 하셨느냐 곧 순종하지 아니하던 자들에게가 아니냐 이로 보건대 그들이 믿지 아니하므로 능히 들어가지 못한 것이라" (히 3:15-19)

히브리서 기자의 말을 잘 묵상해보자. 영원한 안식에 들어가기를 소망하는 사람이라면 그는 "마음을 완고하게 하지 말라"고 한다. 다른 말로 히브리서 기자는 "순종하지 아니하던 자들"이라는 표현으로 "마음을 완고하게" 하는 상태가 무엇인지 가르친다. 이것을 다른 말로 "믿지 아니함"이라고 표현하기도 한다.

안식이란 무엇인가 정리해보자.

안식이란 하나님과 더 이상 갈등하지 않고 하나님과 연합한 삶을 말한다. 안식은 항상 하나님의 말씀에 대한 반응과 관련을 맺는다. 하나님의 명령을 듣고 마음을 강퍅하게 하는 것, 죄와 육체의 소욕에 이끌려 사는 것은 아직 안식을 알지 못하는 것이다. 이렇게 하나님의 명령을 거부하고 마음을 강퍅하게 하는 것, 그리고 육체의 소욕에 이끌려 사는 상태를 안식으로 느끼는 사람들은 영원한 안식이 무엇인지 모르는 사람들이다.

모름지기 신자란 자신이 죄와 사망의 권세 안에 사는 것을 수고하고 무거운 짐으로 여기는 상태로 여긴 사람들이다. 그들은 이 짐을 그리스도 안에서 벗게 된 사람들이다. 소극적으로는 자기중심적 삶을 포기한 사람들이고, 적극적으로는 하나님과 이웃을 사랑하게 된 사람들이다. 이 안에서 안식을 누리는 사람들이다.

그러나 이 안식이 이 땅에서는 온전할 수 없다. 부분적으로는 안식하지만 여전히 수고함과 무거운 짐으로 억눌림을 경험한다. 거듭나기는 했으나 그의 음성 앞에서 마음이 강퍅하게 될 때가 많다. 그래서 영원한 안식에 들어가기를 열망한다. 성도는 이미 안식에 들어간 사람들이지만 여전히 안식의 완성을 열망하는 사람들이다.

성도의 안식은 주님의 재림과 동시에 완성을 경험하게 될 것이다. 이 말은 예수님께서 "내 아버지께서 이제까지 일하시니 나도 일한다"(요 5:17)고 하신 말씀과 관련된다. 태초의 6일 창조는 보기에 좋도록 완성되었으나, 인간의 타락으로 말미암아 하나님의 일하심이 아직 끝나지 않았다는 말이다. 그래서 예수님은 아직 제7일의 안식을 누릴 상황이 아니라고 말씀하신다.

예수님의 일하심은 궁극적으로 인류 구속의 완성이 이루어질 때까지 쉬지 않으실 것이다. 이것은 그리스도 안에서 창조가 아직 완성되지 않았다는 뜻이기도 하다. 이것을 '재창조'라고 한다. 이 재창조는 종말에 새 하늘과 새 땅으로 완성을 이루게 될 것이다. 그렇게 되면 비로소 제7일의 완전한 안식이 도래하게 될 것이다.

흥미로운 점은 이 재창조 사역에 교회가 부름 받았다는 사실이다. 교회는 단순히 하나님께서 완성해 놓으신 안식처에 들어가기만 하면 되는 존재들이 아니다. 교회는 하나님의 재창조 사역의 완성을 위해 중요한 역할을 담당한다. 교회의 헌신과 충성을 통해 안식이 확산된다. 이리하여 안식처를 우리 손으로 완성하도록 하셨다. 세상이 성전으로 경작되도록 하셨다.

포도원 품꾼의 비유처럼 교회는 하나님 나라(안식처) 경작을 위해 죽도록 충성하는 제사장 나라로 부름 받은 것이다. 그들은 이 땅에서 고달프게 죽도록 충성하면서 영원한 안식처에서의 쉼을 기대한다. 물론 그들의 심령은 이미 그의 안식을 누리고 있다. 그러나 전인격적인 안식은 예수님의 재림을 통해서 온 세상이 새 하늘과 새 땅으로 회복될 때, 비로소 영혼과 육체 전체가 완전한 안식을 누리게 될 것이다.

그 날에 주님은 "그들의 눈에서 모든 눈물을 씻어 주실 것"(계 7:17)이다. 이 말은 안식을 주시는 주체는 천당이라는 장소가 아니라 예수 그리스도라는 점을 상기시킨다. 예수 그리스도께서 안식처가 되신다.

이런 차원에서 안식의 핵심은 예수 그리스도이시다. 예수 그리스도는 성전이면서 안식일의 주인이시다. 신자는 이 세상에서 오직 주님 안에서만 안식하게 된다. 세상의 다른 어떤 것도 우리에게 안식을 제공하지 않는다. 이것을 믿고 그 안에서만 안식을 추구하는 사람들을 그리스도인이라고 한다. 찬송가 456장의 가사처럼 거친 세상에서 실패하거든 그 손 못 자국 만져야 한다. 고된 일 하다가 힘을 얻는 것도 그 손 못 자국을 통해서다. 오직 예수 그리스도 안에서만 참된 안식이 있다.

구약의 안식일은 이러한 개념을 우리에게 예표로 알려준다. 이 정신을 망각한 형식적 안식일 준수는 아무런 의미가 없다. 신약시대부터 시작된 주일성수도 이 정신이 망각된 상태에서는 아무런 의미가 없다. 토요일 안식일을 지켜야 하는가, 일요일 주일을 성수하는 것이 옳은가의 문제는 큰 의미가 없다. 중요한 것은 믿음으로 예수 그리스도 안에 거하는 것이다. 왜냐하면 예수 그리스도께서 안식일의 주인이며, 그분이 안식일의 실체이기 때문이다.

바울은 "어떤 사람은 이 날을 저 날보다 낫게 여기고 어떤 사람은 모든 날을 같게 여기나니 각각 자기 마음으로 확정할지니라"(롬 14:5)고 한다. 본질은 어느 날이 더 중요한가의 문제가 아니다. 이 모든 것이 예수 그리스도로 말미암아 우리가 장차 누리게 될 영원한 안식을 예표한다는 것만 중요할 뿐이다.

☞ **안식의 정의**

안식이란 그리스도 안에 거하는 것이다.

신앙은 개념이다

11

영생

11
영생

기독교인들 가운데 기독교 신앙의 궁극적 목적이 영생을 얻는 데 있다는 사실을 모르는 사람들은 아마 거의 없을 것이다. 구약을 믿는 유대인들도 성경이 영생을 가르치고 있다는 것을 분명히 알고 이것을 연구했다는 사실은 예수님의 가르침에서도 잘 나타난다.

"너희가 성경에서 영생을 얻는 줄 생각하고 성경을 연구하거니와 이 성경이 곧 내게 대하여 증언하는 것이니라" (요 5:39)

이런 사실을 미루어 볼 때, 기독교 신앙의 궁극적 목적이 영생에 있다는 것은 부정할 수 없는 사실임에 틀림없다. 흥미로운 사실은 대부분의 모든 종교들이 주로 영생에 대한 소망에 초점을 맞추고 있다는 점이다. 이집트에서도 영생불사(永生不死)를 염원하는 사상은 파라오를 미라로 만드는 풍습에서도 잘 나타난다. 중국에서도 진의 시황도 영생을 갈망했다. 이러한 몇 가지 사실만 보아도 영생에 대한 소망은 기독교에만 있는 것이 아님을 쉽게 알 수 있다.

성경적으로 볼 때, 인간이 영생을 사모하는 것은 지극히 당연한 현상이다. 인간은 본래 처음부터 영생하는 존재가 되도록 창조된 존재이기 때문이다. 창세기는 이런 사실을 아주 잘 가르쳐준다. 하나님은 최초의 인류였던 아담과 하와를 창조하신 후에 동산 중앙에 생명나무와 선악을 알게 하는 나무를 심으시고, 생명나무의 실과를 먹으면 영생하도록 하셨다(창 3:22). 인간이 영생을 열망하는 것은 본성적으로 당연한 것이라는 말이다.

그런데 이렇게 영생을 기대하며 기독교 신앙을 갖게 되었다는 사람들에게 우리는 한 가지 충격적인 사실을 발견하게 된다. 그것은 기독교인들 가운데 거의 대부분의 사람들이 성경이 가르치는 '영생'이 무엇인지 제대로 알고 있지 못하고 있다는 사실이다. 아니 거의 대부분의 사람들이 성경이 가르치는 '영생'이라는 용어를 잘 알고 있다고 착각하고 있다는 표현이 더 적절할 것이다.

그러나 애석하게도 대부분의 기독교인들이 나름대로 이해하고 있는 '영생'은 주로 이방 종교인들과 아무런 구별됨이 없다. 영생을 막연히 '영원히 사는 것'으로 이해하고 있다. 물론 영생이라는 용어가 문자적으로 '영원한 생명'이라는 점은 부정하지 않는다. 영어로도 '영생'은 'eternal life'로 번역되어 있다. 영생에 해당하는 히브리어 '올람'(עוֹלָם)과 헬라어 '아이오니오스 조에'(αἰώνιος ζωή)도 문자적으로 직역하면 '영원한 생명'이다. 성경에 '영생'이라는 단어가 문자적으로 이렇게 표현되었기 때문에 단순히 영원히 사는 정도로 이해하는 것은 무리가 아니다.

그러나 이 용어를 좀 더 깊이 고민해 본다면, '영생'이라는 단어를 단순히 영원히 사는 것으로만 이해하는 것에 어떤 의구심을 갖게 될 것이다. 왜냐하면 성경에서 언급하고 있는 영생을 단순히 '영원한 삶', 혹은 '영원히 사는 것'이라고만 이해하게 될 경우, 몇 가지 논리적 일관성에 충돌이 생기기 때문이다.

첫 번째로 영생이 '영원히 사는 것'이라고 한다면, 기독교의 구원관과 이방 종교의 구원관에 구별됨이 없어진다는 것이다. 종국적으로 기독교의 구원이나 이방 종교의 구원이 영원히 사는 것에 초점이 맞춰진 것이라고 한다면 어느 종교를 믿든 중요한 문제가 되지 않는다. 종교 다원주의자들의 말처럼 영생을 얻는 길만 다를 뿐, 결국은 같은 목적에 도달하는 것이라는 말이 설득력 있게 된다(물론 영생을 얻는 방법에서 차이가 있지만).

두 번째로 영생을 영원히 사는 것이라고 생각한다면, 지옥에서도 영원히 산다는 점에서 아무런 차이가 없게 된다. 왜냐하면 성경의 관점에서 볼 때, 인간의 영혼은 그 자체로 영생불사의 존재로 창조되었기 때문이다. 우리의 영혼은 결코 소멸되지 않는다. 지옥에 가는 영혼도 삶의 질에 차이가 있을 뿐, 영원히 생존한다는 차원에서는 근본적으로 다를 것이 없다.

그렇다면 성경이 가르치는 영생이란 과연 무엇인지 생각해보자.

성경이 가르치는 영생이란 삶의 가치, 혹은 삶의 질(Quality)의 문제를 말한다. 살기는 살지만 어떻게 사느냐의 문제라는 말이다. 이 용어에 대한 이해를 돕기 위해 김세윤 박사가 『복음이란 무엇인가』에서 언급했던 부분을 잠시 인용해 보겠다.

> 영생이란 원래 히브리어 '오는 세대(세상)의 삶'을 헬라어로 번역한 것을 현대어로 번역하여 나오는 말입니다. 그러므로 그 뜻은 단지 시간적으로만 끝없이 길어진 영원한 삶이라는 뜻이 아니고, 하나님이 다스리시는 '오는 세대', 곧 구원의 시대의 삶이라는 뜻입니다.[9]

김세윤 박사의 주장을 좀 더 구체적으로 설명한다면 영생이란 오는 세대(세상), 다시 말해서 천국의 삶을 말한다. 그러면 천국에서 사는 삶이란 무엇인가? 하나님과 하나님의 통치를 따르는 화평한 삶을 말한다. 하나님과 화평한 삶이란 사랑의 이중 계명에 충실한 삶(하나님 사랑, 이웃 사랑)을 말한다. 그래서 천국은 사랑의 나라가 된다.

흥미로운 점은 이렇게 살아가는 삶을 우리는 신학적으로 '성화'(聖化, sanctification)라고 말한다. 다시 말해서 영생과 성화는 동의어가 된다는 말이다.

놀라운 사실은 이 영생이 죽어서 내세에 들어가야만 얻을 수 있는 것이 아니라는 점이다. 영생은 지금 여기서 시작되어 내세(來世, 오는 세상)에서 완

---

9) 김세윤, 『복음이란 무엇인가』 (두란노, 2003), 37-38.

성된다는 것이 성경의 가르침이다. 이 가르침을 우리는 이제까지 '성화라는 표현으로 배웠다. 성화야말로 영원한 생명(영생)이 외적으로 나타나는 방식이다.

성화가 무엇인가? 그것은 예수 그리스도의 거룩함에 참여하는 것을 말한다. 그러므로 예수님은 "너희가 성경에서 영생을 얻는 줄 생각하고 성경을 연구하거니와 이 성경이 곧 내게 대하여 증언하는 것이니라"(요 5:39)고 가르치신 것이다. 이런 성경의 가르침을 볼 때, 영생, 성화, 율법, 그리스도를 결코 따로 뗄 수 없게 된다.

영생에 대한 이런 성경적 이해는 이방 종교에서 영생을 내세적으로만 보거나, 혹은 현세에서 누리기를 기대하는 것과 근본적인 차이를 보여준다. 그러므로 성화를 배제한 영생에 대한 가르침들은 분명히 이방 종교적일 수밖에 없다.

영생에 대한 이런 성경의 가르침은 찬송가 436장의 찬송시에서도 아주 잘 나타난다.

1. 나 이제 주님의 새 생명 얻은 몸 옛 것은 지나고 새사람이로다.
   그 생명 내 맘에 강같이 흐르고 그 사랑 내게서 해같이 빛난다.
   [후렴]
   영생을 누리며 주 안에 살리라 오늘도 내일도 주 함께 살리라

2. 주안에 감추인 새 생명 얻으니 이전에 좋던 것 이제는 값없다
  하늘의 은혜와 평화를 맛보니 찬송과 기도로 주 함께 살리라

3. 산천도 초목도 새것이 되었고 죄인도 원수도 친구로 변한다
  새 생명 얻은자 영생을 누리니 주님을 모신 맘 새 하늘이로다

4. 주 따라 가는 길 험하고 멀어도 찬송을 부르며 뒤따라 가리라
  나 주를 모시고 영원히 살리라 날마다 섬기며 주 함께 살리라

이 찬송시를 보면 영생의 현재성과 내세성(來世性)이 아주 잘 나타난다. 이 찬송시는 영생을 '지금 현재 누린다'고 하여 영생의 현재성을 묘사한다. 그리고 그 영생의 내용을 새 사람 된 신자가 예전에 좋던 것을 가치 없이 여기고 하늘의 은혜와 평화를 맛본다고 설명한다. 3절에서는 좀 더 구체적으로 죄인도 원수도 친구로 변한다고 설명한다. 마지막 4절에서는 "나 주를 모시고 영원히 살리라"고 함으로써 영생의 내세성으로 마무리한다.

영생이란 바로 이런 것이다. 장차 들어가게 될 내세(오는 세상의 삶, 천국의 삶)를 지금부터 누리는 것이다.

그러면 영생에 들어가는 방법이 무엇인가?

이방 종교에서는 수행과 도덕적 선행, 혹은 공덕을 영생에 들어가는 비법

으로 가르친다. 그러나 성경은 영생에 들어가는 것이 인간의 노력이나 공로로 되는 것이 아니라고 가르친다.

성경은 영생에 들어가기 원하는 사람들에게 필수적으로 필요한 조건으로 '회심'(回心, conversion)을 요구한다. 회심은 다시 두 개의 용어로 설명할 수 있다. 하나는 '회개'요, 또 하나는 '믿음'이다. 다시 말해서 영생에 들어가려면 회개와 믿음이 필요하다는 말이다.

영생에 들어가기 위하여 회개가 필수적으로 필요하다는 사실은 예수님과 세례 요한의 복음 선포에서 명확하게 나타난다. "회개하라 천국이 가까이 왔느니라"(마 3:2; 4:17)는 선언이 바로 그것이다. 즉 천국(영생)에 들어가려면 회개해야 한다는 말이다. 회개 없이 천국에 들어갈 수 있는 길은 결코 없다(여기서도 회개하는 자가 천국에 현재 지금 들어간다고 선언하고 있다는 점에 주의해야 한다.).

이 부분만 보면 천국(영생)에 들어가기 위해 '회개'(행위)만 있으면 될 것 같다. 굳이 믿음이 필요하다고 보이지 않는다. 그렇다면 왜 '믿음'이 필요하다는 것인가? 그 이유는 하나님께서 요구하시는 회개의 성격 때문이다. 즉 영생에 들어가는 회개는 하나님께서 인정하시는 수준이어야 하기 때문이라는 것이다. 이런 수준의 회개는 믿음이 아니고서는 결코 불가능하다.

믿음이 아니면 불가능한 회개가 무엇인지 이해하려면 예수님께서 요구하시는 회개의 수준을 보면 쉽게 알 수 있다. 마태복음 18장 8절을 보면, 예수님은 "만일 네 손이나 네 발이 너를 범죄하게 하거든 찍어 내버리라 장애인이나 다리 저는 자로 영생에 들어가는 것이 두 손과 발을 가지고 영원한 불에 던져지는 것보다 나으니라"(마 18:8)고 하셨다. 과연 이 정도의 회개를 할 수 있는 사람이 어디에 있겠는가? 만일 독한 사람이라면 이 정도의 회개가 가능하다고 생각하는 사람이 있는가?

그렇다면 경건한 관리(부자 청년)가 "선한 선생님이여 내가 무엇을 하여야 영생을 얻으리이까"(눅 18:18)라고 묻는 질문에 예수님께서 하신 답변을 살펴보면 생각이 달라질 것이다. 예수님은 이 경건한 관리의 질문에 대하여 처음엔 율법을 다 지키라고 대답하셨다. 이 관원은 자신이 어렸을 때부터 율법을 다 지켰다고 자신 있게 대답했다. 이 대답을 들으신 예수님은 그 관리에게 또 하나의 명령을 주신다. 이 명령은 인간의 타고난 타락한 본성으로는 결코 불가능한 순종이었다.

"네게 있는 것을 다 팔아 가난한 자들에게 나눠 주라" (눅 18:22)

이 명령을 들은 경건한 관원은 자신이 큰 부자이므로 결국 심히 근심하며 주님의 곁을 떠나고 만다.

이러한 부자 관원의 반응을 본 제자들에게 예수님이 하신 말씀이 매우 흥미롭다. 예수님은 "재물이 있는 자는 하나님의 나라에 들어가기가 얼마나 어려운지 낙타가 바늘귀로 들어가는 것이 부자가 하나님의 나라에 들어가는 것보다 쉬우니라"(눅 18:23-24)고 하셨다. 이는 하나님께서 요구하시는 회개가 인간의 힘으로 가능한 수준이 아니라는 점을 이해시키신 것이다.

그러므로 예수님은 이 회개가 오직 하나님의 힘으로만 가능한 것임을 다음과 같은 말씀으로 가르치셨다.

"무릇 사람이 할 수 없는 것을 하나님은 하실 수 있느니라" (27절)

이는 하나님 나라(영생)에 들어가는 회개가 오직 믿음으로만 가능하다는 사실을 천명한 것이다. 영생에 들어가는 것은 오직 은혜(sola Gratia)의 영역이라는 말씀이다.

그러면 이제 영생에 들어가기 위해서 '오직 믿음'(sola fide)이 필요하다는 말씀의 의미가 무엇인지 살펴보는 것이 논리적으로 타당할 것이다. 이 사실은 요한복음 17장 2-3절이 아주 잘 말해준다.

"아버지께서 아들에게 주신 모든 사람에게 영생을 주게 하시려고 만민을 다스리는 권세를 아들에게 주셨음이로소이다 영생은 곧 유일하신 참 하나님과 그가 보내신 자 예수 그리스도를 아는 것이니이다" (요 17:2-3)

예수님은 영생을 "유일하신 참 하나님과 그가 보내신 자 예수 그리스도를 아는 것"이라고 정의하셨다. 여기서 "아는 것"이라고 번역된 부분이 중요하다. 왜냐하면 아는 것에 해당하는 헬라어 '기노스코'(γινώσκω)가 단순히 지적으로 아는 것을 의미하지 않기 때문이다. 이 단어는 부부가 한 몸을 이루는 것을 의미할 때 사용하는 단어로서 '동침하다'라고 번역되기도 한다.

거두절미(去頭截尾)하고 예수님께서 정의하신 영생이란 '아버지와 아들과 연합하는 것'이라는 말이다. 그리스도와 연합하여 그리스도의 의가 전가됨으로써 죄인은 의롭게 될 뿐만 아니라, 그리스도의 거룩한 삶에도 참여하게 된다. 존 머레이의 지적처럼 연합은 "구속 적용의 전과정(全科程)을 포함하는 폭 넓은 것"이다.[10] 그러므로 영생과 관련하여 존 머레이는 다음과 같이 연합의 중요성을 강조했다.

> 그들(하나님의 백성들)이 그리스도 안에서 새롭게 지음(영생)을 받을 때, 이 사건은 그리스도와의 연합과 분리해서 생각될 수 없다. 이 새 생명(영생)은 그리스도 안에서 그 기원을 가질 뿐만 아니라 역시 동일한 관계에서 그 생활이 계속되는 것이다.[11]

그렇다. 영생이란 그리스도와 연합하여 그리스도의 생활이 우리에게 계속되는 것을 말한다. 이것을 가능하게 하는 것이 바로 '믿음'이다. 믿음에 대한 용어 해설에서 잘 언급한 것처럼 믿음은 인간의 의지의 행동이 아니다.

---

10) 존 머레이, 213.

11) Ibid., 216.

믿음은 신자가 그리스도와 전인격적으로 연합되도록 사용하시는 성령님의 수단이다. 성령께서 사용하시는 이 '믿음'이라는 수단을 통해서 성도는 그리스도와 연합하여, 사람으로는 불가능하고 하나님으로만 가능한 삶(영생)이 가능하게 된다.

그러므로 믿음이 아니고서는 삭개오처럼 결코 참되게 회개할 수 없다. 성령님께서 신자에게 믿음을 주실 때, 신자는 비로소 천국에서 누리게 될 영생(그리스도와 온전히 연합한 삶)을 현세에서 미리 앞당겨 누리게 된다. 장차 천국에 가서 누리게 될 이 영광스런 삶을 지금 현세에서 미리 누림으로 말미암아 성도는 영원한 천국에 입성하게 될 것을 확신한다. 그렇기 때문에 영생은 성령의 보증이라고도 한다.

"그가 또한 우리에게 인치시고 보증으로 우리 마음에 성령을 주셨느니라"
(고후 1:22)

☞ **영생의 정의**

영생이란 그리스도와 연합하여 하나님의 형상을 나타내는 삶이다.

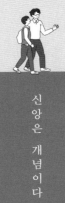

신앙은 개념이다

12

천국과 지옥

12
천국과 지옥

　교회에서 사용되는 용어 가운데 상당수의 용어들은 이방 종교와 공용(共用, 함께 사용)된다. 그러나 우리가 이방 종교와 공용되는 용어를 사용한다고 해서 그 개념까지 같은 것은 아니다. 공용되는 단어지만 개념이 다르게 사용되는 것을 통해서 교회는 세상과 구별됨을 나타낸다. 단어가 구별을 규정하지 않고 개념이 구별을 규정한다.

　간혹 어떤 사람들은 기독교가 이방 종교와 용어의 혼란을 갖지 않도록 하기 위해서 그들과 다른 용어를 사용하는 것이 옳다고 주장한다. 그런 태도는 그다지 적절한 태도가 아닐 뿐 아니라 성경적이지도 않다. 왜냐하면 용어의 공용을 피하기 위해 새로운 용어를 계속 만들다 보면 교회는 점점 벼랑에 몰리기 때문이다. 그 이유가 무엇이겠는가? 사탄은 우리가 더 좋은 용어들을 만든다고 해도 또다시 세상적 용어로 잠식할 것이기 때문이다. 이런 과정을 계속 반복하면서 사탄은 자신의 지경을 손쉽게 넓혀간다.

따라서 교회는 용어를 세상과 공용하지 않기 위해 새로운 용어를 만들려고 하기보다는 성경의 개념으로 세상의 용어에 침투하여 세상의 가치관을 점령하는 적극적인 싸움을 해야 한다. 이것이 성경적으로 현명한 처사이다. 성경은 세상과 교회가 물리적으로 구별됨을 요구하지 않는다. 성경은 도리어 세상에 침투하는 소금으로 교회의 정체성을 정의하고 있다. 그렇다면 교회는 새로운 용어를 만들어서 세상과 별개의 존재로 보이길 바랄 것이 아니다. 교회는 세상 속에 침투하여 세상을 거룩하게 해야 한다. 그 가장 효율적인 방식이 바로 용어를 기독교 관점으로 세상에 침투하는 것이다.

이런 관점을 염두에 두고 이방 종교와 구별 없이 사용하는 '천국' 과 '지옥'이라는 용어를 살펴보자.

앞에서 언급했던 것처럼 이 용어는 다른 어떤 용어보다 이방 종교와 가장 많이 공용되는 용어다. 다른 여러 이방 종교들도 천국과 지옥이라는 개념을 가지고 있다. 이러한 공통적인 개념 때문에 작금(昨今)에는 종교 통합이라는 위기까지 맞이하게 되었다. 이런 위기 속에서 기독교가 이 문제를 해결하기 위해서 우리에게 시급한 것은 성경이 가르치는 천국과 지옥의 개념이 이방 종교와 근본적으로 다르다는 점을 숙지하는 것이다.

그러면 성경이 가르치는 '천국'과 '지옥'이라는 이 두 단어의 개념은 이방 종교와 어떻게 다르다는 것인가?

먼저 우리는 무엇이 성경적이지 않은 천국과 지옥의 개념인지 살펴보자.

먼저 이방 종교에서 천국과 지옥의 개념은 거의 예외 없이 내세 지향적이든지, 혹은 현세 지향적이라는 이분법적 구조를 가지고 있다. 유교나 불교, 천주교, 이슬람과 같은 이방 종교들은 천국을 주로 내세적 관점으로만 이해한다. 그래서 이들은 내세 천국을 꿈꾼다. 반대로 유물론적 입장을 취하고 있는 이방 종교들은 천국을 현세 지향적으로 본다. 그래서 이들은 지상 낙원을 꿈꾼다. 물론 이 두 종류의 천국과 지옥의 개념은 미래 지향적이라는 차원에서는 공통점을 가지고 있다.

이렇게 천국과 지옥에 대한 극단적인 두 가지 태도는 자동적으로 현세를 두 가지 대립된 방식으로 보도록 한다. 전자는 현세에 대하여 무관심하고 무책임한 태도를 견지하도록 만든다면, 후자는 현세에서만 그 의미를 찾는 태도를 견지하게 한다.

그러면 이 두 가지 극단적인 현세에 대한 태도가 어떤 양태로 나타나는지 구체적으로 살펴보자.

현세에 대해 무책임한 태도(내세 지향적인 태도)는 다시 크게 두 가지 방식으로 나타난다. 하나는 금욕주의적이고 율법주의적인 태도(도덕주의)이고, 또 다른 하나는 방탕하고 무율법주의적인 태도(부도덕주의)이다.

금욕주의적이고 율법주의적인 사람들은 주로 종교적인 영역에만 몰입한다. 그래서 세속을 떠나서 수도원이나 절에 들어가 종교적으로 엄격한 수행을 통해 천국에 들어갈 수 있는 자격을 얻기에 힘쓴다. 이들은 천국에 들어가기 위해 이 세상을 철저히 초월해야 한다고 생각한다. 여기에는 당연히 금욕주의가 들어갈 수밖에 없다. 이들은 덕을 쌓거나 깨달음이 있어야 천국에 들어갈 자격이 부여된다고 생각하기 때문이다.

이와 반대로 무율법주의자들은 지극히 세속적이다. 이들은 내세 지향적인데도 불구하고 육체적 방종을 따른다. 이들에게 이런 극단적 반대 현상이 나타나는 이유는 내세에 들어가기 위해서 육체를 초월해야 한다고 생각하기 때문이다. 중요한 것은 영이지 육이 아니라고 생각하는 이원론적인 사고가 이런 행동을 가능하게 한다. 이들은 방종을 통해서 더 이상 현실 세계의 윤리와 도덕에 얽매이지 않는다. 그들은 신을 만족시키는 것과 윤리도덕을 구분한다. 그러므로 도덕적인 영역을 초월하여 종교적 열광주의를 견지할 때, 천국을 얻게 된다고 생각한다. 이러한 사실을 이해하려면 사이비 종교나 이슬람을 보면 이해가 쉽다. 이들은 양태만 다를 뿐, 현실 세계에 대하여 부도덕하고 무책임하다는 차원에서 전자와 별 차이가 없다.

영지주의는 이런 양상을 잘 보여주는 대표적인 철학이다. 영지주의자들을 보면 그들은 구원을 얻는 데 있어서 이런 두 가지 극단을 잘 보여준다. 그들은 천국에 들어가기 위해서 극단적인 금욕주의 혹은 도덕적 방종주의를 추구한다.

영지주의자들이 가지고 있는 철학적 방식은 플라톤주의 이원론이다. 이들은 영은 선하고 육은 악하다고 생각한다. 고로 악한 육을 거부하는 방식으로 한편으로는 육신적인 즐거움과 단절되어야 한다고 생각하거나, 또 다른 한편으로는 육신적인 즐거움을 초월하기 위해 자유로운 태도를 견지해야 한다고 생각한 것이다. 이는 마치 디오게네스가 진정한 자유는 도덕적인 규율에 얽매이는 것이 아니라고 생각했던 것과 같다.

그러면 천국을 주로 현세의 관점으로만 이해하는 사람들의 태도를 보자.

이들은 전자와 달리 현세의 문제에 적극적인 참여를 강조한다. 왜냐하면 이들은 현실 세상에 천국이 도래한다고 믿기 때문이다. 그러므로 이들은 어찌하든지 현실 세상에 천국을 건설하려 적극적인 노력을 한다. 그래서 그들은 정치, 경제, 사회, 문화, 교육, 예술 등의 사회 전반적인 영역에 변화를 추구한다.

이들은 도덕적인 엄격성을 강조하거나, 종교의 사회적 책임을 강조한다. 사회와 환경과 구조를 변혁하면 멀지 않은 미래 세상에 천국이 온다고 믿는다. 그런데 이상한 사실은 이들의 이런 적극적인 세속 참여가 세상을 지옥으로 만드는 원인으로 작용한다. 이들의 이런 철학적 태도가 사회 분쟁의 원인이 된다. 더 나아가서는 전쟁의 불씨로 작용하기까지 한다. 역사 속에서 수많은 전쟁들은 거의 예외 없이 지상 낙원 건설이 가능하다고 확신하는 사람들에 의하여 자행된 비극이었다. 히틀러, 칼 막스, 스탈린, 무솔리니,

모택동, 북한의 3김 왕조 등이 바로 그런 사람들이었다. 이들은 천국을 건설한다는 명목 하에 엄청난 전쟁과 인종 청소와 살상을 주저하지 않았다. 그리고 수많은 사람들은 이들의 가르침에 현혹되어 이 참혹한 범죄에 참여했다.

그러면 이제 성경이 가르치는 천국과 지옥의 개념이 어떤 것인지 살펴보자.

우리가 이 문제에 접근하기 전에 우리는 성경이 가르치는 천국이 물리적 풍요와 행복을 제공하는 어떤 '특정한 장소의 개념'이 아니라는 점을 염두에 두어야 한다. 이것이 성경이 가르치는 천국과 이방 종교가 가르치는 천국의 차이점이다. 천국에 대한 이런 관점을 염두에 두면서, 천국과 대조적인 곳으로서의 지옥을 이해한다면 지옥에 대한 이해도 달라진다.

일단 성경적 천국관을 이해하기 위해서 우리는 천국을 성경이 '하나님의 나라'로 언급하고 있다는 점을 기억해야 한다. 물론 마태는 하나님의 나라라고 언급하기보다는 '천국'이라고 언급했는데, 이는 하나님의 거룩한 성호를 피조물된 인간이 함부로 입에 담아서는 안 된다는 태도 때문에 사용한 일종의 '대명사' 같은 것이다. 이것은 십계명의 제3계명과 관련된 사고였다.

아무튼 '하나님의 나라', 혹은 '천국'이란 용어는 이 왕국의 주인이 하나님 이심을 강조하는 표현이다. 동시에 이 표현은 그 나라가 어떤 특정한 장소가 아닌 통치와 관련을 맺고 있다는 점을 가르친다. 이것이 이방 종교 관점에서 천국을 장소로 이해하는 태도와 차이를 보여준다. 그러므로 예수님도 천국에 대한 이런 오해를 해소해 주시기 위해서 다음과 같은 말씀을 하셨다.

"하나님의 나라는 볼 수 있게 임하는 것이 아니요 또 여기 있다 저기 있다고도 못하리니 하나님의 나라는 너희 안에 있느니라" (눅 17:20-21)

이 말씀은 바리새인들이 천국이 "어느 때에 임하나이까"(눅 17:20)라고 묻는 질문에 대한 답변이었다. 이 질문을 잘 관찰하면 유대인들이 생각하는 천국관이 주로 현세의 관점에 초점을 맞추고 있다는 것을 알 수 있다. 이는 서론 부분에서 언급한 천국에 대한 이방 종교의 후자의 관점에 해당된다. 이런 천국관의 특징이 무엇이라고 했는지 기억해야 한다. 그것은 천국을 만들기 위해 노력할수록 세상은 지옥이 된다는 것이다.

실제로 유대인들에게 천국은 주로 현세적 관점으로 이해됐다. 그래서 그들은 천국을 이루기 위해 현재 유대인들을 억압하는 로마와 투쟁을 해야 한다고 생각했다. 현세에 천국을 건설하려는 태도는 이렇게 항상 이데올로기를 동반한다. 그래서 유대인들은 끊임없이 물리적인 투쟁이 멈출 겨를이 없었다. 물론 같은 유대인들 사이에서도 지나친 율법의 정죄로 신자의 삶은 이슬람처럼 잔인한 지옥의 모습을 동반하게 되기도 한다. 이는 율법주의적인 성향을 가지고 있는 종교의 전형적인 특징이다.

그러나 예수님은 유대인들의 생각과 다르게 천국을 임재의 개념으로 말씀하셨다. 다시 말해서 "하나님의 나라는 … 너희 안에 있다" 는 것이다. 이 말은 통치의 개념을 말한다. 천국은 하나님의 통치를 받는 사람들의 마음속에 임하는 나라이지 물리적인 나라가 아니라는 말이다.

천국이 장소적인 개념이 아니라는 점을 강조하다 보면, 자칫 내세적 개념으로 기울어질 위험이 있다. 특히 우리 같은 이방인들은 천국을 그렇게 오해하기 쉽다. 그러므로 우리 주님은 이런 오해에 빠지지 않도록 하기 위해서 천국을 주로 이미 현세에 도래한 나라로 언급하셨다.

"회개하라 천국이 가까이 왔느니라 하였으니" (마 3:2)

이런 표현과 함께 우리는 예수님께서 유대인 종교지도자들을 향하여 "내가 진실로 너희에게 이르노니 세리들과 창기들이 너희보다 먼저 하나님의 나라에 들어가리라"(마 21:31)는 말씀을 눈여겨보아야 한다. 왜냐하면 이 말씀에서 예수님은 아직 죽지도 않은 세리들과 창기들이 유대인 종교지도자들보다 "하나님의 나라(천국)"에 '지금 들어가고 있다'(entering the kingdom of God ahead of you)고 현재 진행형으로 말씀하고 계시기 때문이다. 이는 천국이 죽어야만 가는 나라가 아니라, 살아있는 사람들이 지금 누리고 경험하는 나라라는 점을 가르친다. 이런 표현은 천국을 내세의 관점으로만 이해하는 우리에겐 당황스럽다.

이러한 사실은 바울의 가르침에서 더 선명하게 언급된다. 바울은 "하나님의 나라는 먹는 것과 마시는 것이 아니요 오직 성령 안에 있는 의와 평강과 희락이라"(롬 14:17)고 한다. 여기서도 바울은 천국을 내세적으로 가르치지 않고 현세적으로 가르친다. 그렇다고 해서 물리적인 천국은 아니다. 그는 하나님의 나라가 지금 성령 안에서 의와 평강과 희락으로 임재하는 나라라는 점을 가르친다.

이렇게 천국의 현세적 관점이 자주 언급됨에도 불구하고 예수님과 함께 십자가에 못 박혀 죽은 한 편 강도는 예수님 곁에서 죽음을 맞이하며 낙원으로 들어갈 것을 약속 받았다(눅 23:43). 뿐만 아니라 부자와 나사로의 비유에서도 나사로는 낙원에 들어간 사람으로 묘사됨으로 천국이 죽어서 들어가는 내세의 나라라는 점도 성경은 분명히 가르친다.

성경이 가르치는 천국은 이렇게 내세적인 개념과 현세적인 개념을 동시에 담지하고 있음을 보게 된다. 그러면 과연 성경이 가르치는 천국은 무엇이라는 말인가? 어쩌면 성경이 가르치는 천국은 실제로 존재하지도 않는 무지개와 같은 것이 아닌지 질문을 던지게도 된다.

이런 천국의 극단적인 두 가지 양태를 이해하기 위해서 우리는 이미 현세에서 시작된 천국과 미래에 완성될 천국의 개념으로 이해해야 한다. 이것을 신학자들은 이미 시작된 천국이라는 의미로 'already'와 아직 완성되지 않은 천국이라는 의미로 'not yet'이란 용어를 사용한다. 이 말은 천국이 지금 이 현세에서 시작되었고, 내세에서 완성된다는 관점을 말해준다. 물론 내세 천국이라는 개념도 요한계시록의 관점에서 보면 결국 현세가 내세 천국의 도래에 의해 잠식되어 종국에는 온 현실 세상이 내세 천국으로 화하여 진다는 것으로 결론된다. 좁은 지면에서 천국에 대한 이런 성경의 가르침을 방대하게 다 설명할 수는 없다.

따라서 필자는 여기서 핵심적인 사실만 말하고 싶다. 그것은 천국이 이방 종교인들이 생각하는 것과 완전히 다른 개념이라는 것이다. 성경이 가르치는 천국과 지옥의 개념은 현세적이면서 내세적이고 물리적이면서 동시에 영적인 나라라는 점이다. 이런 특이한 관점은 우리가 사는 시대에서는 매우 혼란스럽게 여겨진다. 왜냐하면 우리가 사는 시대는 예수님의 성육신 이후로 사망이 생명에게 삼킨 바 되는 과도기에 있기 때문이다. 분명한 사실은 성경이 가르치는 천국은 영혼과 육체가 다 구원을 받게 되는 나라라는 점이다. 이런 사실을 사도 바울은 종말에 죽은 자들의 부활을 가르치면서 영원한 천국의 도래가 영혼만의 구원이 아니라 영혼과 육체 전체의 구원이 될 것을 가르친다. 이것은 요한계시록의 가르침이기도 하다.

궁극적으로 종말에 완성될 천국은 하나님께서 창조하신 피조 세계의 완전한 회복을 의미한다. 창세기의 에덴동산이 영적이기만 하거나, 육적이기만 한 낙원이 아니었던 것처럼, 종말에 도래하게 될 영원한 천국도 영적이기만 하거나 육적이기만 한 천국이 아니다. 영적이면서 동시에 물리적인 천국이 된다. 이런 차원에서 볼 때, 성경이 가르치는 천국과 지옥에 관한 이해는 이방 종교나 철학이 추구하는 극단적인 이원론적 천국과 지옥 개념의 중간에 위치한다. 어느 쪽에도 치우치지 않는다.

마지막으로, 천국을 이해하는 가장 적절한 개념은 '통치'의 개념이다. 구약의 창세기부터 천국은 하나님의 통치와 관련된 나라로 언급된다. 하나님의 통치를 거부하면 그는 아담과 하와처럼 천국으로부터 추방된다. 아담과 하와의 천국 추방은 현세에서 일어난 사건이다. 그리고 추방된 그들이 죽기 전에 회개하고 하나님의 통치 안으로 들어오지 않는다면 그들은 결국 천국으로부터 추방된 삶의 완성을 경험하게 된다. 이것이 지옥의 개념이다. 물론 이 지옥도 영적인 개념이면서 동시에 육적인 개념이 된다. 왜냐하면 주님의 심판은 영혼과 육체가 다 심판을 받게 될 것이기 때문이다. 이런 사실은 예수님께서 악인들의 영혼과 육체가 다 심판을 받기 위해 "악한 일을 행한 자는 심판의 부활로"(요 5:29) 나오게 될 것이라고 가르친 점에 잘 나타난다.

구약에서 천국이 에덴 안에서 하나님과 친교하는 삶의 이미지라면, 지옥은 에덴으로부터 추방되어 하나님과의 친교가 단절된 삶의 이미지로 볼 수 있다. 이 이미지는 다시 이스라엘 공동체 안에서 하나님과 친교하는 공동체의 이미지와, 이스라엘 공동체로부터 추방, 혹은 사형의 이미지로 나타난다. 이 이미지가 신약에서 그리스도 안에서 하나님과 교제하는 성도와 그리스도를 거부한 불신자의 모습으로 실체를 드러낸다. 거룩하신 성삼위 하나님과 교제를 떠난 삶을 산 사람들은 종말에 바깥 어두운 데서 슬피 울며 이를 갈게 될 것이다(마 25:30). 여기서 거룩하신 성삼위 하나님과의 교제란 '성령으로 말씀(성자)을 통해 성부와 교제하는 태도'를 말한다. 여기서 한 분 하나님도 소외시키지 말아야 한다.

이러한 천국과 지옥에 대한 성경의 개념이 앞에서 언급된 예수님과 바울의 천국에 대한 정의들로 나타난다. 쉽게 말해서 천국과 지옥은 그리스도 안에서 하나님의 통치를 받거나, 받지 않음을 나타내는 개념이라는 말이다.

이런 관점으로 본다면 천국이란 장소의 문제, 물리적인 풍요와 만족의 문제가 아니라는 것을 알 수 있다. 옛 아담의 모습 속에서 알 수 있는 것처럼 장소와 물리적인 풍요와 만족은, 천국(하나님의 통치) 안에 들어간 사람들에게 주어지는 결과일 뿐이다. 이런 관점에서 볼 때, 아담과 하와가 에덴이라는 낙원에서 쫓겨난 것은 천국에서 쫓겨난 것이 아니다. 왜냐하면 아담과 하와가 하나님의 통치를 거부한 그 때부터 에덴은 이미 그들에게 지옥이었기 때문이다. 하나님의 통치를 거부한 아담과 하와에게 에덴동산이라는 장소와 그 곳의 풍요는 결코 천국으로 여겨질 수 없었다. 하나님의 통치를 거부하고 죄에 빠진 순간부터 풍요로 가득한 에덴동산은 이미 시작된 지옥이었기 때문이다.

아담과 하와의 모습만을 보더라도 천국은 장소와 물리적 풍요나 만족의 개념이 아님을 알 수 있다. 천국은 하나님의 통치에 기뻐하는 자들의 나라로 보는 것이 더 적절하다.

그렇다면 오늘날 교회에 출석하는 수많은 신자들 가운데 어떤 사람이 장차 천국에 들어갈 것인지 좀 더 선명해진다. 천국은 믿음으로 하나님과 화해한 사람들이 들어가는 나라다. 하나님과 화해한 사람들은 거룩하신 성삼위 하나님과의 교제 안에 있다. 그들은 성령 하나님에 의하여 성자 예수님을 통해 성부 하나님과 긴밀한 사랑의 교제 안에 있는 사람들이다. 그러므로 하나님의 통치를 싫어하여 하나님 통치가 강력해질수록 그 상태를 견디기 힘든 지옥으로 여기는 사람이 있다면, 그는 천국과 무관한 사람이라고 볼 수밖에 없다. 믿음은 있다고 하면서 여전히 음란과 불법과 무질서와 불경건한 상태를 열망하며, 그 상태가 지속되는 것을 천국으로 여긴다면 그가 들어갈 나라는 지옥일 뿐이다. 왜 그런가? 지옥은 이 세상에서 거룩하신 성삼위 하나님의 통치와 사랑의 관계를 거북하게 여기며 단절을 추구한 사람이 궁극적으로 도달하게 될 관계 단절의 절정이기 때문이다.

간혹 목회를 하면서 교회와 가정에 하나님의 통치를 좀 더 구체적이고 정확하게 실현하려는 것을 불쾌하게 여기는 사람들을 종종 본다. 이들은 하나님의 통치를 정확하게 성경적으로 시행하는 목회가 교회와 가정을 지옥으로 만든다고 생각한다. 이들은 교회가 불경건과 불법과 거짓된 가르침, 혹은 인간의 악한 본성을 관대하게 수용해 줄 때, 천국 같은 교회, 천국 같은 가정이 된다고 생각한다. 그러나 그런 곳은 천국이 아니다. 지옥이다. 행복하고 달콤함이 넘칠지라도 지옥이다. 왜냐하면 그것은 타락한 육체의 본성이 즐거워하는 것일 뿐, 하나님께서 기뻐하시는 상태가 아니기 때문이다. 실제로 이런 교회와 가정은 하나님을 경외하고 사랑하는 사람들에겐 지옥 같은 교회나 가정으로 여겨진다.

그럼에도 불구하고 이런 사람들 가운데 상당수의 사람들이 천국에 갈 확신으로 가득하다. 그러나 분명한 사실은 그들이 기대하는 천국은 하나님의 통치가 온전하여 하나님과 사랑의 교제를 꽃피우는 곳이 아니다. 하나님의 통치와 사랑의 완성에는 아무런 관심이 없는, 단지 자기의 육적인 풍요와 만족을 완성시켜 줄 그 어떤 곳일 뿐이다. 마치 무슬림들이 알라를 위해 성전을 치르면 72명의 미녀와 살게 되는 곳을 천국이라고 생각하는 것과 다를 바가 없다. 그들이 기독교인이라고 하지만 이방 종교적인 천국을 열망하고 있을 뿐이다.

결론적으로 성경이 가르치는 천국과 지옥은 무엇인지 정리해 보자.

성경이 가르치는 천국과 지옥은 하나님의 통치와 직결된 것이다. 천국은 지금 이 땅에서 하나님의 통치를 기뻐하는 자들이 지금 이 땅에서 누리는 것으로 시작한다. 이 천국은 지상에서 하나님의 온전한 통치를 열망하는 신자가 죄와 싸우면서 간헐적으로 누리게 된다. 그러나 이 천국은 개인적인 누림으로 끝나지 않는다. 하나님의 통치를 자기 주변으로 확산시킴으로 나타난다.

천국이란 하나님의 통치를 본성 중심에서부터 기뻐하는 자들이 지금 여기서 누리고, 마지막 날에 그 누림의 완성을 경험하게 될 나라다. 그리스도인들이 천국을 사모하는 이유는 이방인들처럼 육신의 욕망의 완성을 위해서 추구하는 것이 아니다. 하나님을 향한 영적인 열망과 사랑의 완성을 추구하는 것이다. 그래서 영원한 천국을 바라보는 참된 신자들은 천국 자체를 열망하지 않는다. 그들은 그리스도를 열망한다. 하나님의 완전한 통치, 하나님과의 완전한 사랑, 죄로부터의 완전한 자유를 사모한다. 마치 신부가 결혼을 앞두고 신랑의 집을 열망하는 것이 아니라 신랑 자체를 열망하는 것과 같다.

그러나 지옥은 하나님의 통치를 거부하고, 세상을 사랑하고, 죄를 사랑하고, 마귀와의 연합을 기뻐한 사람들이 받는 심판의 장소가 된다. 그들은 바깥 어두운 데서 슬피 울며 이를 갈게 될 것이다. 그들은 비록 천국이라는 신랑의 집을 열망했을지 모르지만 정작 신랑을 경멸하고 미워한 사람들일 뿐이다.

☞ 천국과 지옥의 정의

성경이 가르치는 천국과 지옥이란 현세에서 시작하여 내세에서 완성되는 것으로서 하나님의 통치를 기뻐하는 여부에 의해 몸과 영과 혼 전인격의 구원과 심판을 맞이하는 것이다.

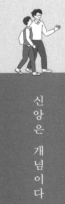

신앙은 개념이다

13

표징

13
표징

우리는 과연 무엇으로 하나님의 언약에 참여했음을 확신할 수 있는가?

이런 질문을 하면 대부분의 사람들은 '믿음'으로 확신할 수 있다고 말한다. 이렇게 대답하는 사람들에게 우리는 과연 무엇을 믿는 믿음으로 하나님의 언약에 참여했다고 확신하는지 질문을 던지게 된다. 상당수의 신자들은 구원의 확신을 믿는 믿음이라고 생각한다.

분명한 사실은 구원의 확신은 믿음의 대상이 아니다. 구원의 확신이 없다고 해서 이미 받은 구원이 취소되는 것은 아니다. 만일 구원의 확신을 갖지 못하면 구원을 받지 못한다고 주장한다면 그는 알미니안적 구원론에 빠진 것이 된다. 왜냐하면 구원의 확신 자체가 구원의 조건이 되기 때문이다. 뿐만 아니라 이것은 전형적인 순환 논리가 될 뿐이다.

'구원을 확신해야 구원을 확증할 수 있다'는 논리는 결코 기독교적인 신앙 체계가 아니다. 이것은 현대 신학의 특징이다. 프란시스 쉐퍼 박사는 이런 현상을 현대 신학의 개념이라고 지적하면서 다음과 같은 말로 설명했다.

> 현대인의 신앙은 실재로 존재하고 있는 객관적 대상을 향하고 있다기보다는 신앙에 대한 신앙(faith in faith)이라고 말할 수 있다.[12]

쉐퍼의 지적처럼 만일 우리가 자신이 하나님의 언약 백성이 되었음을 확신하는 근거가 자기 신앙에 대한 신앙이 아니라면 과연 무엇을 믿는 믿음으로 확신하는지 대답해야 한다. 아마도 대부분의 사람들은 예수님의 십자가 죽으심과 부활을 믿는 믿음으로 하나님의 언약에 참여한 확신을 갖는다고 할 것이다.

이렇게 대답하는 사람들에게도 문제가 없는 것은 아니다. 이런 사람들은 자신이 예수님의 십자가 죽으심과 부활을 진정으로 믿고 있는 것인지 아닌지 입증해야 한다. 왜냐하면 상당수의 사람들이 믿음과 자기 확신, 혹은 세뇌를 구분하지 못하기 때문이다. 성경과 교회사가 증명해주고 있는 것처럼 상당수의 사람들은 자신이 정말로 예수님을 믿는 것인지 아닌지 검증할 줄 모른다.

---

12) 프란시스 쉐퍼, 101.

아마도 상당수의 사람들은 하나님의 심판대 앞에서 "내가 주릴 때에 너희가 먹을 것을 주지 아니하였고 목마를 때에 마시게 하지 아니하였고 나그네되었을 때에 영접하지 아니하였고 헐벗었을 때에 옷 입히지 아니하였고 병들었을 때와 옥에 갇혔을 때에 돌보지 아니하였느니라"(마 25:42-43)는 선고를 들을 때에 "주여 우리가 어느 때에 주께서 주리신 것이나 목마르신 것이나 나그네 되신 것이나 헐벗으신 것이나 병드신 것이나 옥에 갇히신 것을 보고 공양하지 아니하더이까"(44절)라고 반문하게 될 것이다.

성경은 신자들이 이런 낭패를 당하지 않도록 이 땅에서 구원을 확신하도록 주신 장치로 가득하다. 그 가운데 하나가 바로 '표징'이다. 표징이라는 단어는 주로 성례와 관련하여 언급되는 단어이다. 표징이라는 단어는 히브리어로 'אות'(오트)라고 하고, 헬라어로는 'σημεῖον'(세메이온)이라고 되어 있는데, 영어로는 'sign'(서명)으로 번역된다. '세메이온'은 70인역에서 히브리어 '오트'를 헬라어로 번역한 단어이다. 한글 개역성경에서는 이 단어가 구약에서는 '표징'(창 17:11)이나 '징조'(창 1:14)로 번역되었고, 신약에서는 '표적'이나 '표'로 번역되어 있다.

그러면 이제, 표징이 어찌하여 우리가 하나님의 백성 됨을 확신하는 근거가 되는지 살펴보자. 지면 관계상 '표징'과 관련된 성경의 용례를 일일이 다 설명하지는 않겠다. 단지 필자는 이 단어를 언약 신학과 관련하여 전체적인 원리를 설명하고자 한다.

표징이라는 단어가 사용된 가장 중요한 사건은 창세기 17장에 나오는 할례 사건이다. 하나님은 아브라함과 언약을 하시고 그 표징으로 할례를 요구하셨다.

"너희 중 남자는 다 할례를 받으라 이것이 나와 너희와 너희 후손 사이에 지킬 내 언약이니라 너희는 포피를 베어라 이것이 나와 너희 사이의 언약의 표징이니라" (창 17:10-11)

여기서 하나님께서 아브라함과 맺은 언약을 잘 이해해야 한다. 이것을 바르게 이해할 때, 언약의 표와 인으로서 받는 세례를 바르게 이해할 수 있다. 왜냐하면 이렇게 언약을 맺는 방식은 일종의 계약 후에 계약서에 서명을 하는 것과 같기 때문이다. 이러한 사실은 '표징'이라는 단어를 영어로 'sign'으로 번역한 점에 아주 잘 나타난다.

이 부분을 바르게 이해할 때, 우리는 비로소 구속사에서 경륜적(經綸的) 삼위일체 가운데 성령께서 택한 백성들에게 구원을 적용하시는 방식을 이해할 수 있게 된다.

성부 하나님은 구원을 작정하시고 성자 하나님은 구원을 완성하시며 성령 하나님은 구원을 택함 받은 성도에게 각각 적용하신다.

표징은 이와 관련을 맺고 있다. 표징은 성부께서 작정하셔서 성자를 통해 완성하신 구원을 성령께서 누구에게 구체적으로 적용하고 계신지 말해주고 있는 것과 같다.

이것은 마치 하나님과 사람 사이에 계약을 맺고 그 계약이 다른 사람의 계약이 아니라 바로 나와 맺은 계약이라는 것을 계약서에 기록하고 그 사람의 이름에 sign(서명)을 남긴 것과 같다는 말이다.

이 말을 이해하기 쉽게 하기 위해 아브라함 사건을 살펴보자. 하나님은 아브라함과 언약을 맺으셨다. 그리고 그 언약의 표징으로 할례를 요구하고 계신다. 이 말은 아브라함과 맺은 언약이 특정한 개인과 직접적인 효력 관계를 맺고 있다는 것을 할례가 증명해 준다는 말이다. 만일 할례를 받지 않는다면 그 사람은 아브라함과 맺은 언약이 객관적으로는 존재하지만 그 사람과는 아무런 관계가 없다.

그런데 신약에서 사도 바울이 "오직 이면적 유대인이 유대인이며 할례는 마음에 할지니 영에 있고 율법 조문에 있지 아니한 것이라"(롬 2:29)고 했다는 점이 문제가 된다. 이 주장이 문제가 되는 것은 할례를 했다고 해서 그것이 진정한 의미에서 언약의 표징이 될 수 없다는 말이다. 언약의 표징이 되지 않는다는 말은 언약의 효력이 발생하지 않는다는 말이다.

좀 더 쉽게 말해서 육체의 할례는 하나님과의 관계에서 진짜 구원의 효력을 발생하는 계약서 서명이 아니라는 말이다. 그러면 하나님과의 관계에서 진짜 구원의 효력을 발생하는 계약서 서명이 무엇이라는 말인가? 마음의 할례라는 것이다.

그러면 마음의 할례는 무엇인가? 이에 대하여 모세는 이미 신명기 30장 6절에서 아주 잘 설명해 주었다.

"네 하나님 여호와께서 네 마음과 네 자손의 마음에 할례를 베푸사 너로 마음을 다하며 뜻을 다하여 네 하나님 여호와를 사랑하게 하사 너로 생명을 얻게 하실 것이며"(신 30:6)

이 말은 아브라함과 맺은 할례의 언약으로서 육적 할례는 영적 할례의 그림자에 불과하며, 참된 표징(sign)은 육체에 할례를 한 것이 아니라, 마음에 할례를 한 것이어야 한다는 말이다.

마음의 할례가 무엇인가? 하나님께서 모세에게 말씀하신 "마음을 다하며 뜻을 다하여 네 하나님 여호와를 사랑하게" 되는 것이다. 이것은 우리가 잘 아는 것처럼 율법의 대강령이다. 다시 말해서 율법의 대강령이 마음(본성)에 각인되는 것이 마음의 할례이다.

이렇게 마음의 할례를 받은 사람만이 참으로 영적 아브라함의 자손이요 참 이스라엘이라고 할 수 있다. 이 사람만이 하나님의 언약 백성이다. 이 표징은 하나님께서 택한 백성들의 심령에만 준 언약 보증의 서명이라는 말이다. 이 언약 보증의 서명이 있는 사람만이 구원을 확신할 수 있다. 이 표징 (sign, 서명)이 없이 확신을 하는 것은 참된 구원의 확신이 아니다.

여기서 율법의 대강령은 십계명의 요약이며, 십계명은 그 자체가 하나님 께서 이스라엘 백성들을 자기 백성이라고 입증하는 표징이 된다는 점을 기 억해야 한다. 그리고 이 표징은 흥미롭게도 하나님께서 시내산에서 친히 자신의 손으로 돌판에 기록한 것이었다. 하나님께서 친히 돌판에 십계명을 기록하신 이유는 무엇인가? 그것이 바로 하나님의 서명이기 때문이다.

시내산에서 하나님은 두 돌판에 친히 자신의 손으로 서명을 하심으로 이 스라엘 백성이 언약 백성임을 보증하신 것이다. 그러나 이 보증도 참 언약 의 그림자에 불과하다. 이 보증은 이스라엘 백성들 각자에게 적용되지 않 는다면 자기와 관계없는 언약이 될 뿐이다. 하나님께서 아브라함에게 할 례의 언약을 주실 때, "내 언약이 너희 살에 있어 영원한 언약이 되리라"(창 17:13)고 말씀하신 것처럼 이 언약은 살에 나타나야 한다.

할례의 언약이 살에 나타나야 한다는 말이 무슨 뜻인가? 이 말은 삶 속에 할례 받은 증거가 나타나야 한다는 말이다. 이것은 아브라함에게만 해당되 는 것이 아니라 모든 시대, 모든 교회에게 해당되는 '영원한 언약'이 된다.

이 언약에 대하여 예레미야는 마음의 할례를 '새 언약'이라고 규정한다(렘 31:31). 새 언약은 옛 언약과 달리 율법, 즉 하나님을 마음과 뜻과 생명과 지혜와 힘을 다하여 사랑하라는 명령을 두 돌판이 아닌 그들의 마음에 기록한다는 것이다.

다시 말해서 언약의 표징을 본성에 기록하여 그들의 삶(살)에 드러나게 하셔서 구원을 보증해 주시겠다고 말씀하시는 것이다. 이런 차원에서 볼 때, 성화는 구원의 조건이 아니라 구원의 표징(하나님의 계약서 서명)이 된다. 성화는 언약이 살에 나타남으로 하나님께서 의롭다 칭하시고 그 표징(sign)으로 마음에 할례를 행하신 여부를 확인하게 하는 것이다.

이는 마치 하나님께서 노아에게 홍수 이후에 맺은 언약과 그 궤를 같이한다. 하나님은 노아에게 다시는 물로 세상을 심판하지 않겠다고 언약을 맺으셨다. 그리고 그 표징(sign)으로 무지개를 주셨다. 무지개는 노아에게만 주신 것이 아니라 모든 시대 모든 인류에게 주신 표징이 된다.

그런데 문제는 그 표징을 믿지 않는 사람들에겐 무지개가 결코 구원의 확신을 주지 못한다. 무지개가 뜨더라도 언약이 그 불신자들에겐 효력을 주지 못한다. 창세기 11장에 나온 노아의 후손들은 바벨탑을 건축하는 것과 같은 방식으로 스스로의 힘으로 구원을 추구하려 한다. 이런 사람들에게 표징은 결국 아무런 유익이 되지 못할 뿐만 아니라 그 언약과 아무런 관계가 없는 사람일 뿐이다.

신약에서 성례는 구원의 표징으로 주어진 것이다. 이 말은 성례가 구원을 받기 위한 조건이라는 뜻이 아니다. 또 구원을 받은 사람들만 받아야 한다는 것을 의미하지도 않는다. 이는 마치 마음의 할례를 받았는지 여부와 관계없이 하나님의 언약에 참여한 이스라엘 사람들의 모습과도 같다. 앞에서 언급한 것처럼 할례나 십계명은 단지 표징에 불과하다. 이 표징을 믿음으로 받아서 그 표징이 개개인의 삶(혹은 살)에 나타나면 그는 하나님의 언약에 참여한 사람이지만 그렇지 않은 사람은 비록 육적 이스라엘 백성이라 하더라도 그 언약과 아무 관계가 없는 것과 같다.

세례와 성찬이라는 성례 자체가 어떤 신비한 효력을 주는 것이 아니다. 세례와 성찬은 단지 언약의 백성들에게 나타나야만 하는 표징을 설명해주고 있는 것일 뿐이다. 세례는 하나님의 언약에 참여한 백성들은 죄 씻음을 받아서 옛 사람은 죽고, 새 사람으로 다시 태어나는 것이 언약의 표징이라는 것을 설명해준다. 또 성찬은 하나님의 언약에 참여한 백성들은 세상의 것으로 생명을 삼지 않고 하나님의 입에서 나오는 말씀만을 생명으로 여기며 살아가게 된다는 표징을 설명해 준다.

여기서 중요한 점은 세례와 성찬이 설명하는 표징이 살(삶, life)에 나타나지 않는다면 그는 아직 하나님의 언약과 관계 없다는 사실이다. 하나님의 언약 안에 들어간 사람들이라면 그는 하나님을 마음과 뜻과 생명과 지혜와 힘을 다해 사랑하는 마음의 할례가 나타나야 한다. 또 죄 씻음이 나타나야 한다. 그리고 세상의 원리로 살아가는 것이 아니라 하나님의 말씀으로만 살아가야 한다. 이 언약이 살(skin, life)에 나타나게 될 때, 그는 인류에게 보편적으로 주어진 언약이 바로 나 자신이라는 개인에게 주어진 사건이라고 확신할 수 있게 된다.

이런 차원에서 징표는 신자가 하나님의 구원을 확신하기 위해 당당하게 요구하는 것이 마땅하다. 이것은 마치 계약서를 작성하고 그 계약서에 자기의 이름이 기재되어 있는지 확인하는 것이 마땅한 것과 같다. 특히 계약의 실행이 오랜 시간이 지난 후에 일어나는 것이거나, 그 계약이 중대할수록 자신의 이름에 계약 당사자의 서명이 기록되어 있는지 확인하는 것은 더욱 필요하다.

그러므로 구약에서는 하나님과 언약을 한 후에 언약 당사자가 하나님께 언약 실행에 대한 확증으로 표징을 요구하는 경우가 많다. 그 대표적인 예가 바로 기드온의 양털 기적이다. 이 기적은 하나님께서 기드온에게 미디안과의 전쟁에서 승리를 약속하신 것에 대한 표징으로 주어진 것이다. 기드온이 이 요구를 했다고 해서 하나님이 그의 요구를 불신앙으로 간주하지 않으셨다는 점을 우리는 기억해야 한다.

이런 예는 구약에 수없이 찾을 수 있다. 하나의 예를 더 든다면 히스기야의 생명이 15년 연장된 사건이 바로 그것이다. 여기서 히스기야는 자신의 생명을 15년 연장시켜 주신다는 하나님의 약속을 받고 단지 믿음으로 확신하지 않았다. 그는 이사야에게 "여호와께서 나를 낫게 하시고 삼 일 만에 여호와의 성전에 올라가게 하실 무슨 징표가 있나이까"(왕하 20:8)라고 징표

(sign)를 요구한다.

우리가 생각할 때, 이런 요구는 불신처럼 이해되기 쉽다. 그러나 하나님은 그런 히스기야의 요구에 어떤 책망도 하지 않으셨다. 도리어 죽음을 연장시켜 주시는 것보다 더 불가능해 보이는 방식으로 표징을 주시겠다고 하셨다.

"이사야가 이르되 여호와께서 하신 말씀을 응하게 하실 일에 대하여 여호와께로부터 왕에게 한 징표가 임하리이다 해 그림자가 십도를 나아갈 것이니이까 혹 십도를 물러갈 것이니이까" (왕하 20:9)

여기서 히스기야는 태양이 십도 뒤로 물러갈 것을 요구하였다. 그리고 그 표징은 그대로 성취되었고, 그 표징으로 보증이 된 히스기야의 생명은 15년이 더 연장되었다.

이렇게 성경에서 표징을 주시는 중요한 개념이 나타난다. 그것은 사람의 힘으로 할 수 없고 하나님만 하실 수 있는 것을 통해 표징을 삼으신다는 것이다. 이런 방식을 사용하시는 이유는 이렇게 해야만 그 표징이 하나님으로부터만 온 것임을 확신할 수 있기 때문이다. 다시 말해서 하나님의 서명이 다른 누구로부터도 위조되지 않도록 하기 위한 것이라는 말이다.

이러한 사실을 예수님은 부자 청년의 사건에서 아주 잘 말씀해 주셨다.

예수님은 "낙타가 바늘귀로 들어가는 것이 부자가 하나님의 나라에 들어가는 것보다 쉬우니라"(마 19:24)고 말씀하셨다.

이런 말을 듣고 놀란 제자들은 예수님께 "그렇다면 누가 구원을 얻을 수 있으리이까"(마 19:25)라고 질문을 던졌다. 예수님의 대답은 "사람으로는 할 수 없으나 하나님으로서는 다 하실 수 있느니라"(26절)는 것이었다.

이 말이 의미하는 바가 무엇인가? 사람이 할 수 없고 하나님만 할 수 있는 변화는 다른 바로 마음의 할례요, 옛 사람이 죽고 새 사람으로 다시 태어나는 것이다. 영생의 삶에 참여하는 것이다. 이것은 사람의 교육이나 훈련으로 되지 않는다. 마귀도 이것만은 위조할 수 없다. 그래서 이런 영생의 삶이 바로 언약의 표징이 된다.

이런 사실을 잘 보여주는 사건이 바로 삭개오의 구원이다. 삭개오는 우리가 잘 아는 것처럼 일평생 자기만을 위해 남의 것을 약탈하고 속이며 살았던 사람이다. 그는 부자 청년처럼 어렸을 때부터 율법을 다 지키는 삶과는 거리가 먼 사람이었다. 그런데 그가 예수님을 영접했다. 성령으로 거듭나게 되었다. 그러자 그의 입에서는 사람으로는 불가능한 고백이 나왔다.

"주여 보시옵소서 내 소유의 절반을 가난한 자들에게 주겠사오며 만일 누구의 것을 속여 빼앗은 일이 있으면 네 갑절이나 갚겠나이다"(눅 19:8)

이 고백이 의미하는 바가 무엇인가? 그것은 그에게 언약의 표징이 나타난 것이다. 세례와 성찬의 정신이 지식이 아니라 그의 삶(삶, life)에 드러나게 된 것이다. 영생이 나타난 것이다. 그러므로 이런 표징을 확인하신 예수님은 그를 향하여 "오늘 구원이 이 집에 이르렀으니 이 사람도 아브라함의 자손임이로다"(9절)라고 선언하신다.

흥미로운 사실은 이 삭개오 사건이 누가복음에서 부자 청년 사건 다음에 기록되었다는 점이다. 누가는 "무릇 사람이 할 수 없는 것을 하나님은 하실 수 있느니라"는 예수님의 가르침을 언급한 후에 부자 청년과 대조를 이루는 불경건한 삭개오의 변화된 삶을 언급함으로써, 변화된 삶이 인간의 종교적 훈련이나 노력으로 될 수 있는 수준이 아닌 하나님의 은혜의 표징임을 선언하고 있는 것이다.

마지막으로 우리는 출애굽기에서 모세가 "나와 주의 백성이 주의 목전에 은총 입은 줄을 무엇으로 알리이까"라고 말한 후에 "주께서 우리와 함께 행하심으로 나와 주의 백성을 천하 만민 중에 구별하심이 아니니이까"라고 자답(自答)한 것을 묵상해 보아야 한다(출 33:16).

모세는 언약 백성이 하나님과 동행하고 주의 목전에 은총을 입은 표징이 "천하 만민 중에 구별하심"으로 나타난다고 가르친다. 모세는 신비한 체험이나 은사나 이적을 행하는 것이 하나님의 백성된 표징이라고 말하지 않는다.

사람으로는 할 수 없으나 하나님만 하실 수 있는 것을 추구한다고 해서 기사와 이적을 추구하는 것은 성경의 가르치는 바가 아니다. 그것은 "천하 만민 중에 구별하심"이 우리에게 나타나는 것이다. 마태복음 7장에서 언급 하고 있는 것처럼 주의 이름으로 귀신을 쫓아내고 능력을 행하고 병을 고치 는 것이 하나님의 백성된 표징이 아니다. 도리어 주님은 그 사람들을 향하 여 "내가 너희를 도무지 알지 못하니 불법을 행하는 자들아 내게서 떠나가 라"(마 7:23)고 선언하셨다.

이제 글을 정리하자.

우리는 날마다 "사람으로는 할 수 없으나 하나님으로서는 다 하실 수 있"(26절)는 거룩(구별됨)이 나타나고 있는지 점검해 보아야 한다. 이 표징을 통해서 우리는 구원을 확신할 뿐 아니라 하나님께서 나와 동행하고 계심을 객관적으로 확신할 수 있게 된다.

만일 이런 하나님의 표징(sign)이 자신에게 선명하게 나타나지 않는다면 당돌하게 하나님께 표징을 구해야 마땅하다. 아브라함도 하나님의 언약 을 받았을 때 "주 여호와여 내가 이 땅을 소유로 받을 것을 무엇으로 알리이 까"(창 15:8)라고 요구했다. 그 요구를 하나님은 거절하시지 않고 응답하셨 다.

우리가 하나님께 표징을 구할 때 '구하고, 찾고, 두드리는' 태도를 견지해야 한다. 예수님의 말씀대로 "구하는 이마다 받을 것이요 찾는 이는 찾아낼 것이요 두드리는 이에게는 열릴 것"(눅 11:10)이다. 그리고 이 말씀과 함께 예수님은 이렇게 구하고 찾고 두드리는 자들에게 더욱 확실한 약속을 주셨다.

"너희가 악할지라도 좋은 것을 자식에게 줄 줄 알거든 하물며 너희 하늘 아버지께서 구하는 자에게 성령을 주시지 않겠느냐 하시니라" (눅 11:13)

☞ **표징의 정의**

표징이란 하나님께서 신자와 언약하시고 그 언약을 보증하시는 신적 서명(sign)이다.

신앙은 개념이다

14

섬김

14
섬김

　예수님의 공생애 기간을 보면 예수님은 평생 섬김을 실천하셨다. 예수님은 제자들을 향하여 "앉아서 먹는 자가 크냐 섬기는 자가 크냐 앉아서 먹는 자가 아니냐 그러나 나는 섬기는 자로 너희 중에 있노라"(눅 22:27)고 말씀하셨다. 예수님은 섬김을 받으러 오신 것이 아니라 섬기기 위해서 오셨다는 말이다. 이런 사실을 미루어 볼 때, 우리가 그리스도와 연합한 삶을 사는 존재라고 한다면 당연히 섬김을 받는 자가 아니라 섬기는 자의 삶을 살아가는 것이 마땅하다. 이것이 기독교인의 삶이다.

　섬김이 기독교인이 추구해야 마땅한 삶이라고 한다면 그 다음에 우리는 '섬김'이라는 단어의 개념을 명확하게 알고자 열망해야 한다. 만일 섬김이 기독교인이 추구해야 할 마땅한 삶이라는 점에 동의를 하지만, 이 용어를 명확하게 이해하는 의욕이 없다면 그는 분명히 섬김의 삶에 별 관심이 없는 사람이라고 볼 수밖에 없다. 섬김이 무엇인지 알지 못하면서 섬길 수 없기 때문이다. 섬김이 무엇을 의미하는지 알지 못하면서 섬겨야 한다고 구호를 외친다면 그 외침은 위선일 뿐이다.

애석하게도 이런 우려는 교회 안에 일상화되어 있다. 섬김이라는 용어에 대한 성경적 이해가 없는 사람들 속에서 섬김이라는 단어가 아무렇지도 않게 회자된다. 그래서 섬김이라는 단어는 오늘날 대부분의 교회에서 고상한 교양적 행위 정도로 이해되고 있다. 그러나 성경이 가르치는 섬김이라는 단어가 주로 종이 주인과의 관계에서 나오는 행동이라고 이해한다면 이런 모습이 얼마나 회칠한 무덤과 같은 위선적 행위인지 우리 가슴에 섬뜩하게 다가온다. 섬김이라는 용어는 오늘날 교회에서 이해하는 세련된 종교적 삶과는 거리가 멀다는 말이다.

애석하게도 오늘날 '섬김'은 교회라는 조직을 유지하기 위한 수단 정도로 이해되고 있다. 교인들이 각 부서에서 성가대나 교사나 주차 요원 등으로 섬김으로 교회라는 조직을 지켜내기 위한 수단, 그 이상도 이하도 아닌 것으로 이해된다. 요즘 상당수의 교회에서는 섬김이 일종의 전도를 위한 수단으로 사용되기도 한다. 교회에 나오지 않는 사람들이 교회의 친절한 섬김과 사회봉사를 통해 교회에 나오도록 한다는 전략으로 섬김이 이용되고 있다. 이런 섬김은 동기가 순수하지 못하다. 이것은 마치 장사꾼들이 자기 물건을 팔기 위해 친절한 태도를 취하는 것과 아무 차이가 없다. 섬김이 이렇게 전도를 위한 수단이 되면 세상 사람들은 교회를 혐오한다. 뿐만 아니라 섬김을 실천한다고 하는 상당수의 교인들도 자신들이 원하는 보상이 나타나지 않을 때, 결국 실족하고 만다. 그럴 수밖에 없는 것은 이런 섬김이 성경적인 섬김이 아니기 때문이다. 이런 섬김은 분명히 말하지만 가톨릭적 개념으로서의 섬김일 뿐이다.

그러면 성경이 가르치는 섬김은 과연 무엇인가?

하나님께서 우리에게 현재 허락하신 크고 작은 소명에 충실히 살아가는 것이라고 할 수 있다. 성경이 가르치는 섬김은 어떤 특별한 종교적 행동만을 뜻하지 않는다. 남들이 하지 않는 전도나, 교회 봉사나, 노숙자들에게 밥을 퍼주거나, 혹은 남들이 하기 싫어하는 어떤 궂은일을 하는 것만을 섬김이라고 하지 않는다. 섬김은 매우 평범한 문제로 시작된다. 즉 하나님께서 각자에게 주신 직분과 직업, 그리고 현실에 주어진 일상의 책임에 충실한 삶을 살아가는 것이다.

이러한 사실은 예수님께서 세족식을 통해서 명확하게 가르쳐 주셨다. 공생애의 막바지 시점에서 예수님은 대야에 물을 담아 제자들의 발을 씻겨 주셨다. 유대의 문화에서 손님의 발을 씻기는 것은 가장 비천한 사람이 해야 할 일이었다. 집에 만일 종이 있었다면 이 일은 종이 해야 할 일이었고, 종이 없다면 그 다음으로 가장 낮은 신분에 있는 사람이 해야 할 일이었다. 그런데 예수님은 친히 제자들의 발을 씻기셨다. 제자들은 예수님의 이런 행동에 몹시 당황했다. 그런데 이렇게 당황하는 제자들을 향하여 하신 말씀이 놀랍다.

"내가 주와 또는 선생이 되어 너희 발을 씻었으니 너희도 서로 발을 씻어 주는 것이 옳으니라 내가 너희에게 행한 것 같이 너희도 행하게 하려 하여 본을 보였노라" (요 13:14-15)

이 말씀이 의미하는 바가 무엇인가? 우리가 흔히 알고 있는 것처럼 교회에서 목사가 교인들의 발을 씻기는 감동적인 퍼포먼스(Performance, 연기)를 행해야 한다는 말인가? 예수님께서 과연 그런 의도로 이런 행위를 하신 것일까?

아니다. 예수님은 지금 세족식을 통해 당신 자신의 소명이 무엇인지 제자들에게 가르치시고 있는 것이다. 자신은 지금 죄인들의 죄를 씻어주기 위해 이 땅에 온 것이며, 이 일에 충실한 것이 바로 자신이 해야 할 '섬김'이라고 가르치신 것이다. 그리고 제자들도 이 소명에 충실한 삶을 살아야 한다고 가르치신다. 예수님은 "내가 너희에게 행한 것 같이 너희도 행하게 하려 하여 본을 보였노라"고 하신다. 제자들이 해야 할 섬김은 바로 죄인들이 회개하고 주님께로 돌아오도록 하는 데 충성을 다하는 것이다.

이런 관점을 염두에 두고 '섬김'이라는 용어를 좀 더 구체적인 용어로 이해할 수 있어야 한다. 그것은 바로 '예배'라는 단어이다. 예배는 영어로 'worship'(이 단어는 원래 worthship에서 유래한 어휘이다)이라고도 하지만, 다른 표현으로 'service'(봉사,섬김)라고도 한다. 이는 예배가 하나님께 대한 공경과 그 공경을 사람들과의 관계에서 실천하는 것임을 내포한다. 다시 말해서 '섬김'의 일차적인 대상은 하나님이며, 이 하나님을 섬기는 태도가 이웃을 섬기는 실천으로 나타난다는 말이다.

따라서 종교개혁자들은 이 개념을 '직업에 대한 천직 의식'으로 이해했다.

이는 마치 프랑스의 위그노들이 하나님을 섬기는 마음으로 자녀를 양육하고, 빵을 굽고, 시계를 만들고, 목수의 일을 했던 것과 같다. 섬김은 남에게 보여주기 위한 가증한 구호가 아니다. 자신에게 주어진 책임은 등한시하면서 교회의 어떤 프로그램에만 충실한 퍼포먼스가 아니다. 이것은 사악한 위선일 뿐이다. 섬김은 하나님을 섬기는 태도(예배자의 삶)가 삶의 모든 영역에서 그대로 구현되는 것이다. 하나님을 향한 예배 행위라는 말이다. 이것을 어떤 특정한 영역으로 구분할 수 있는 것이 아니다.

이런 차원에서 본다면 성도는 모든 영역에서 섬기는 자로 이해되어야 마땅하다. 목사는 설교와 목양을 하나님 앞에서 한다는 마음으로 충실히 감당함으로 섬김이 실천된다. 만일 목사가 설교와 목양이라는 본질을 등한시하고 봉사나 구제에만 힘쓴다면 그것은 그릇된 섬김이다. 이러한 사실은 이미 사도행전 4장에서 사도들이 히브리파 과부와 헬라파 과부를 섬기는 일을 하다가 기도와 말씀을 등한시 여김을 회개했던 사실에 아주 잘 나타난다.

그런데 이런 오류를 상당수의 교회들이 범하고 있다. 교회들이 하나님께 대한 봉사로서의 섬김을 제대로 실천하지 않으면서 사회봉사나 구제에 힘쓴다고 한다. 예배는 모독적인 수준으로 불성실하게 하면서 사람들에게 보이는 영역에서만 그럴듯한 섬김을 실천한다고 광고한다.

이는 마치 예수님께서 "구제할 때에 외식하는 자가 사람에게서 영광을 받으려고 회당과 거리에서 하는 것 같이 너희 앞에 나팔을 불지 말라 진실로 너희에게 이르노니 그들은 자기 상을 이미 받았느니라"(마 6:2)고 하신 가르침을 그대로 떠올리게 한다. 하나님께 대한 봉사는 등한시하면서 사람들을 향한 봉사에만 열을 올린다면 그것은 위선일 뿐이다.

또 부모가 자기 자녀들에 대한 부모의 직무를 성실히 수행하지 못하면서 사회봉사나 남의 아이들의 인권과 교육에만 관심을 갖는 교사가 있다면 동일한 정죄를 받게 될 것이다. 이런 원리는 모든 영역에서 그대로 적용되어야 한다.

성경적 섬김이란 이렇게 아주 사소해 보이지만 하나님께서 주신 가장 기초적인 자기 직무와 소명에 충실한 태도에서 시작된다.

하나님께서 주신 가장 기초적인 직무가 무엇인가? 부모의 역할, 자녀의 역할, 남편의 역할, 아내의 역할, 스승과 제자의 역할, 목사와 성도들과의 역할 등과 같은 것들을 말한다. 왜 이런 것에 기초적인 관계에 충실한 것이 성경적 섬김이라는 것인가? 이 모든 것의 권위는 하나님으로부터 온 것들이기 때문이다. 그러므로 섬김의 본질은 하나님께 대한 섬김에서 출발한다고 할 수 있다.

위그노들의 태도처럼 하나님께 드리는 마음으로 빵을 만들고, 하나님께 드리는 마음으로 시계를 만들며, 하나님께 드리는 마음으로 자녀를 양육하고, 하나님께 드리는 마음으로 청소를 하며, 하나님께 드리는 마음으로 법관의 직분을 수행하고, 하나님께 드리는 마음으로 공부를 하는 것이 바로 섬김이다.

만일 섬김을 하나님 섬기는 것과 분리한다면 우리의 섬김은 천주교의 이원론적 섬김으로 이해될 수밖에 없다. 성속 이원론적 섬김은 자기 의를 강화시키는 것 외엔 아무것도 없다. 그러나 우리가 만일 섬김을 하나님께 대한 예배와 동의어로 이해한다면 이 세상은 점점 밝고 생명력이 넘치는 세상이 될 것이다.

☞ **섬김의 정의**

섬김이란 하나님께 대한 봉사를 삶의 전 영역에 구현하는 것이다.

신 앙 은 개 념 이 다

15

겸손

15
겸손

어거스틴Augustine이 410년경에 알렉산드리아의 주교 디오스코루스 Dioscorus에게 쓴 편지에 "나의 디오스코루스여, 나는 그대가 온전한 경건함으로 자신을 하나님께 드릴 수 있기를 바랍니다. 또 나는 그대가 그대 자신을 위하여 우리 행위의 약함을 보고 계시는 바로 그 하나님께서 준비하신 그 진리만을 붙잡는 사람으로 자신을 준비할 것을 기대합니다. 그 길의 첫 번째 부분은 겸손입니다. 둘째도 겸손입니다. 셋째도 겸손입니다. 그리고 나는 이것을 그대가 신앙의 방향을 물어볼 때마다 다시 반복하여 강조하려고 생각합니다."라고 기록했다.[13]

어거스틴이 디오스코루스에게 쓴 편지에도 잘 나타난 것처럼 기독교 신앙에서 겸손은 가장 핵심적인 덕목 가운데 하나임에 틀림없다. 아마도 이 주장을 부정할 사람은 한 명도 없을 것이다.

---

13) https://blog.naver.com/strength37/100198529542.

그러나 놀라운 사실은 너무도 많은 기독교인들이 겸손의 중요성을 인정하면서도 정작 성경이 가르치는 겸손이 무엇인지 제대로 알지도, 이해하려고도 하지 않는다는 점이다.

그러므로 우리나라 기독교인들은 거의 예외 없이 겸손을 유교적 관점으로 이해한다. 자신이 할 수 있고, 또 하고 싶어도 한두 번 거절하거나, 혹은 남들 앞에서 굽신거리듯 몸을 낮추는 것을 겸손이라고 생각한다. 유교적 겸손에 익숙한 한국인들에게 당당함이나 솔직함, 혹은 적극적인 태도는 겸손함과 거리가 먼 태도로 이해된다. 도리어 거만하고 뻣뻣하다고 평가되곤 한다.

이런 우리의 한국적 정서에서 예수님이나 사도들의 모습은 겸손이라고 해석되기 어려운 경우가 많다. 예수님과 사도들은 직위가 높은 사람들 앞에서도 매우 당당하게 자기주장을 하거나 거침없는 태도를 견지하셨다. 아니 당당하다 못해 거만하게 보일 정도였다. 이런 태도는 우리의 관점에서 겸손으로 보기에 납득하기 어려울 때가 많다.

예를 들어, 바울은 종교지도자들에게 심문을 받으면서 당시 대제사장이었던 아나니아에게 감히 "회칠한 담이여 하나님이 너를 치시리로다 네가 나를 율법대로 심판한다고 앉아서 율법을 어기고 나를 치라 하느냐"(행 23:3)라며 눈치 보지 않고 쏘아 붙이기까지 했다. 그의 말이 얼마나 과격하게 들렸는지 당시에 바울의 곁에 선 사람은 바울을 향하여 "하나님의 대제사장을 네가 욕하느냐"(행 23:4)고 야단을 칠 정도였다.

세례 요한은 당시 종교지도자들이었던 바리새인들과 사두개인들을 향하여 "독사의 자식들"이라고 저주를 퍼붓는 것도 주저하지 않았다. 어찌 보면 이런 태도는 겸손과 거리가 먼 것처럼 보인다. 특히 동양적인 세계관에 익숙한 한국 사람들에게 이 부분은 수용하기 어려운 부분이기도 하다. 실제로 이런 문제 때문에 동양인들은 서양인들과 문화 충돌을 일으키기도 한다.

그러면 성경이 가르치는 겸손이란 무엇인가? 먼저 우리 주님께서 하신 말씀을 보자. 주님은 "나는 마음이 온유하고 겸손하니 나의 멍에를 메고 내게 배우라 그리하면 너희 마음이 쉼을 얻으리라"(마 11:29)고 가르치셨다. 뿐만 아니라 주님은 "누구든지 이 어린 아이와 같이 자기를 낮추는 사람이 천국에서 큰 자니라"(마 18:4)라고도 가르치셨다. 이 가르침에서 보는 것처럼 우리는 다른 데서 겸손을 배울 것이 아니다. 오로지 주님에게서 배워야 마땅하다.

이제 성경이 가르치는 '겸손'이라는 용어가 무엇인지 구체적으로 살펴보자.

먼저 '겸손'이라는 단어의 사전적 의미를 보자. 이 단어는 '남을 높이고 자기를 낮춤'이라고 되어 있다. 겸손에 해당하는 헬라어는 '타페이노스'(ταπει νὸς)라고 하는데, 이는 '낮은 신분'이라는 의미를 가지고 있다. 히브리어 '샤흐'(שׁח)도 헬라어의 의미와 크게 다르지 않게 '아래로 떨어진'이라는 의미를 담고 있다.

이런 차원에서 겸손이란 스스로 낮은 위치에 서는 것을 말하고 있음을 알수 있다. 성경도 이 용어를 기본적으로 이렇게 이해하는 것에 동의한다. 겸손의 이 개념을 잘 보여주는 성경 구절이 바로 누가복음 14장 8-9절이다.

"네가 누구에게나 혼인 잔치에 청함을 받았을 때에 높은 자리에 앉지 말라 그렇지 않으면 너보다 더 높은 사람이 청함을 받은 경우에 너와 그를 청한 자가 와서 너더러 이 사람에게 자리를 내주라 하리니 그 때에 네가 부끄러워 끝자리로 가게 되리라" (눅 14:8-9)

주님의 이 가르침은 신자가 스스로 높은 자리를 추구하지 않고 도리어 낮은 위치에 서는 것이 겸손이라는 사실을 뜻한다.

이와는 반대로 주님은 바리새인들을 향하여 "화 있을진저 너희 바리새인이여 너희가 회당의 높은 자리와 시장에서 문안 받는 것을 기뻐하는도다"(눅 11:43)라고 지적하셨다. 이는 스스로 높은 위치에 서기를 좋아하는 것이 바로 교만이라는 점을 잘 가르쳐 준다.

겸손과 교만에 대한 이 두 대립적 개념은 예수님과 마귀의 대조적 존재 방식을 잘 보여주는 것이기도 하다. 예수님은 스스로 "사람의 모양으로 나타나사 자기를 낮추시고 죽기까지 복종"(빌 2:8)하셨다고 함으로써 예수님이 얼마나 '겸손'하셨는지 잘 보여준다. 예수님은 스스로 낮은 처지에 서신 것이다. 그러나 마귀는 "자기 지위를 지키지 아니하고 자기 처소를 떠난 천사들"(유 1:6)로 묘사된다. 마귀는 자기의 지위를 지키지 않고 스스로 높은 자리에 서려는 태도로 말미암아 타락한 것이다. 이것이 바로 '교만'이며 마귀의 핵심적인 형상이다. 예수님과 마귀의 이런 대조적인 모습을 통해서 겸손과 교만의 개념이 선명하게 드러난다.

이런 사실 때문에, C. S. 루이스는 교만이야말로 가장 마귀를 닮은 형상이라고 했는데, 이는 적절한 지적임에 틀림없다. 실제로 천사였던 존재가 마귀로 타락하게 된 것은 자기 위치에 만족하지 않고 자기 위치를 떠난 교만이 그 원인이었다.

흥미로운 점은 겸손도 자기의 위치를 떠난다는 점에서 공통점이 있다. 교만은 스스로 자기의 위치를 떠나 높은 자리를 탐하는 것이라고 한다면, 겸손은 스스로 높은 위치에 서지 않고 낮은 위치로 내려가는 것이라고 할 수 있다. 교만은 스스로 자신을 높이는 것이라면, 겸손은 스스로 자기를 낮추는 것이다.

그러나 이런 태도를 견지한다는 것은 타락한 인간의 본성상 불가능하다. 이것이 어떻게 가능하다는 말인가? 그것은 오직 성령으로 거듭날 때만 가능하다. 성령님께서 우리로 하여금 "그리스도 예수의 마음"을 품게 하신다. 그리스도 예수의 마음이 무엇인가? "그는 근본 하나님의 본체시나 하나님과 동등됨을 취할 것으로 여기지 아니하시고 오히려 자기를 비워 종의 형체를 가지사 사람들과 같이 되"신 것이다. 성령님은 그 겸손에 우리를 믿음으로 연합하게 하신다. 그리하여 내가 아니라, 그리스도께서 나로 하여금 자발적으로 낮은 위치로 내려가도록 하신다. 이 개념을 염두에 두고 성경이 겸손한 자에게 어떤 약속을 하고 있는지 볼 필요가 있다.

그것은 바로 구원이다. 욥기 22장 29절을 보면 "하나님은 겸손한 자를 구원하시리라"고 하셨고, 시편 10편 17절은 하나님께서 "겸손한 자의 소원을 들으셨다"고 한다. 또한 하나님은 "거만한 자를 비웃으시며 겸손한 자에게 은혜를 베푸신다"(잠 3:34)고 하셨다. 이는 겸손한 자만이 하나님의 구원과 은혜를 기대할 수 있다는 말씀이다. 야고보의 지적처럼 하나님은 "교만한 자를 물리치시고 겸손한 자에게 은혜를 주신다"(약 4:6)는 사실을 분명히 기억해야 한다.

그러면 이 겸손이 신자된 우리에게 구체적으로 어떤 식으로 나타나는지 생각해 보자.

그 첫 번째는 하나님 앞에서의 겸손이다.

우리는 하나님 앞에서 우리가 신(神, God)이 아니요 피조물임을 인정해야 한다. 마귀의 문제는 자기의 위치를 떠나 스스로 높은 위치에 서려고 했다는 점이었다. 이 문제는 우리에게도 그대로 적용된다. 우리는 신이 아니요, 피조물의 위치에 있다는 점을 인정해야 한다. 이것이 겸손이다.

그러나 하와의 교만은 바로 여기서 시작되었으며, 이것이 우리에게 유전적으로 나타나는 교만의 특징이다. 타락한 인류는 자꾸 스스로 피조물의 위치를 떠나 하나님의 위치를 욕심낸다. 우리가 피조물임을 인정한다면 우리는 창조주 하나님을 우리 생존의 근원으로 인정해야 한다.

우리는 하나님을 떠나서 독립적으로 존재할 수 없음을 인정해야 한다. 우리 힘으로 우리를 구원할 수 없고, 우리 힘으로 존재를 유지할 수 없다. 우리는 전적으로 타락한(Total depravity) 존재이며 전적으로 무능한(Total inability) 존재라고 인정해야 한다. 이것이 바로 하나님 앞에서의 겸손이다.

다시 반복하지만 인간의 교만은 자신이 피조물이라는 점을 망각하고 스스로 하나님 노릇하려 한다는 데 있다. 자신의 삶 속에 하나님을 필요 없는 존재로 여기는 것이다. 자기 힘으로 선하게 살 수 있다고 생각한다. 하나님 없이 스스로의 힘으로 얼마든지 자신의 일을 해결할 수 있다고 생각한다.

교만한 인간은 자신의 힘과 지혜와 지식과 경험과 의지가 자신을 구원할 수 있다고 생각한다. 이것은 자기 위치를 하나님의 위치에 올려놓는 교만한 태도이다. 피조물된 자기의 위치를 떠나 스스로 높은 자리를 탐하는 것이다.

그러나 진정으로 겸손해진 자는 자기가 하나님 앞에서 얼마나 비참한 존재인지 자각한다. 베드로를 생각해 보자. 그가 주님 앞에 겸손해지기 전에, 그는 자기 힘과 경험으로 얼마든지 물고기를 많이 잡을 수 있다고 생각했다. 이것은 자기의 위치를 은연중에 하나님의 위치로 착각하는 전형적인 태도였다. 그러나 그가 자기의 무능을 깨닫고, 자신의 경험과 지혜를 포기하고 주님의 명령을 따라서 그물을 던져서 그물이 찢어지도록 물고기를 잡았을 때, 비로소 자기의 위치가 어딘지 깨닫게 되었다. 겸손해진 것이다. 겸손해진 그가 고백한 것이 무엇인가? "주여 나를 떠나소서 나는 죄인이로소이다"(눅 5:8)였다. 겸손하게 된 베드로는 자신의 전적인 무능과 타락을 비로소 자각하게 되었다. 자신이 죄인임을 인정하게 되었다.

두 번째로 생각해 볼 겸손은 사람들과의 관계 안에서 겸손이다.

사람들과의 관계 안에서 겸손은 하나님께서 정하신 위치(질서)를 인정하는 것을 전제로 한다. 예를 들어, 부부간의 관계 질서, 부모와 자녀의 관계 질서, 교회의 직분에 대한 질서, 사회의 직위 질서, 국가 권력에 대한 존중 등이 바로 겸손을 보여주는 구체적인 방식이다. 왜냐하면 이 모든 권위 질서가 바로 하나님으로부터 온 것이며, 하나님께서 정하신 것이기 때문이다 (롬 13:1). 따라서 권위 질서를 지키는 것은 하나님께 대한 겸손을 반영하는 것이다. 이 사실을 바울은 다음과 같이 가르쳤다.

"각 사람은 위에 있는 권세들에게 복종하라 권세는 하나님으로부터 나지 않음이 없나니 모든 권세는 다 하나님께서 정하신 바라 그러므로 권세를 거스르는 자는 하나님의 명을 거스름이니 거스르는 자들은 심판을 자취하리라" (롬 13:1-2)

이 말씀에서 바울은 인간관계의 위치를 지키는 것이, 그 위치를 주신 하나님 앞에서 겸손한 태도라고 가르친다. 하나님 앞에서의 겸손이 사람들과의 관계 속에서 겸손을 견지하는 근거라는 말이다. 그러므로 이 모든 관계의 질서는 주님 안에서, 주님을 존중하는 마음으로 행할 때에만 참된 겸손이라고 할 수 있다. 그 대표적인 예로 바울은 자녀들에게 부모 공경을 명령하지만, 그 공경을 "주 안에서" 해야 한다고 가르친다.

"자녀들아 주 안에서 너희 부모에게 순종하라 이것이 옳으니라" (엡 6:1)

이 원리는 모든 세상 권세자들을 향해서도 동일하게 적용된다. 우리가 세상의 권세자들에게 복종하는 것도 권세자들에 대한 존중에서 나오는 것이 아니라 하나님께 대한 존중에서 나오는 것이어야 한다. 물론 이 존중이라는 것은 하나님께서 창조주되시고 우리는 피조물이라는 겸손과 자기 인식에서 출발한다.

그러나 이 겸손은 단순히 하나님께서 정하신 권세에 대한 복종이라는 양태로만 나타나는 것이 아니다. 불법한 권위에 대한 '불복종'으로도 나타난다. 불복종이 겸손의 또 다른 양태라는 주장은 자칫 궤변처럼 들릴 수 있다. 왜냐하면 불복종과 겸손은 보편적으로 양립할 수 없는 용어로 이해되기 때문이다. 그러나 세상 권위가 교만하여 하나님의 명령에 역할 때에는 그 권위에 복종하는 것이 곧 하나님께 대한 교만이 되므로 불순종은 겸손으로 이해될 수 있다.

다시 말해서 세상의 어떤 권세자의 명령이 하나님께 대한 불복종을 의미한다면 그 권위에 대한 복종은 하나님께 대한 불복종을 의미하므로 하나님께 대한 교만이 된다는 말이다. 신자의 세상 권세에 대한 존중은 항상 그 권세를 주신 하나님께 대한 존중이어야 한다. 따라서 하나님을 거역하는 권세는 거부하고 불복종하는 것이 진정한 의미에서 겸손이라고 할 수 있다. 하나님의 뜻을 거역하게 하는 권위에 대한 복종은 겸손이라고 할 수 없다. 이것은 마귀의 교만에 참여하는 것일 뿐이다. 그러므로 이런 경우는 불복종이 겸손이 된다.

물론 우리가 이런 권위에 대하여 저항하고 불복종하는 태도는 자칫 세상 사람들에겐 교만이나 무례함으로 보일 수 있다. 비록 세상 사람들이 신자들의 이런 태도를 교만이나 무례함으로 평가한다고 하더라도 혼란스러워할 필요는 없다. 우리가 믿음으로 이런 태도를 견지한 것이라고 한다면 세상 사람들의 평가와 공격에 대하여 하나님께서 책임져 주실 것이다.

그러나 우리가 비록 하나님을 보고 세상 권위와 질서에 대항한다고 하더라도 그 태도는 지혜와 온유함으로 해야 한다. 성도는 그 태도에서 공손함과 사랑과 예의로 행해야 한다. 상대방의 인격을 모독하거나 자존심을 상하게 하는 태도는 견지하지 않도록 해야 한다. 왜냐하면 사랑은 "무례히 행하지 아니하며"(고전 13:5)라고 했기 때문이다.

반대로 하나님의 뜻에 부합하는 명령을 내리는 권세에 대한 신자들의 태도는 두려우신 하나님께 대한 겸손과 봉사의 태도를 견지해야 한다. 이러한 사실을 사도 바울의 가르침에서 쉽게 발견할 수 있다.

"종들아 두려워하고 떨며 성실한 마음으로 육체의 상전에게 순종하기를 그리스도께 하듯 하라" (엡 6:5)

이는 권위자의 명령이 하나님의 뜻에 부합할 때, 하나님을 두려워하고, 하나님께 복종하는 것이 겸손의 고백임을 잘 보여준다. 신자의 겸손은 하나님께서 권위를 주신 육체의 상전을 "그리스도께 하듯" 섬기는 것으로 나타나야 마땅하다. 이것이 참된 겸손의 원리이다.

신자가 세상의 권세와 질서에 이런 태도를 견지함으로써 우리는 권세자들 앞에서 지극히 겸손한 사람이라는 평가와 아울러 사람 앞에 당당한 사람이라는 평가를 동시에 받게 된다. 이것이 바로 모든 시대의 겸손한 그리스도인들에게 나타난 모습이다.

이와 아울러 우리는 위선적 겸손을 경계해야 한다. "아무도 꾸며낸 겸손과 천사 숭배를 이유로 너희를 정죄하지 못하게 하라"(골 2:18)고 경고한다. 위선적 겸손의 핵심 원리는 자신을 하나님 앞에서 낮추는 것이 아니라, 사람들에게 보이려고 겸손한 것처럼 위장을 한다는 데 있다. 이것은 예수님께서 보여주신 겸손과는 거리가 멀다. 도리어 바리새인들의 겸손이라고 할 수 있다.

우리가 잘 알고 있는 것처럼 겸손의 절정은 바로 예수님이시다. 예수님의 겸손을 바울은 다음과 같이 소개하고 있다.

"그는 근본 하나님의 본체시나 하나님과 동등됨을 취할 것으로 여기지 아니하시고 오히려 자기를 비워 종의 형체를 가지사 사람들과 같이 되셨고 사람의 모양으로 나타나사 자기를 낮추시고 죽기까지 복종하셨으니 곧 십자가에 죽으심이라" (빌 2:6-8)

이 말씀에서 예수님께서 보여주신 겸손의 핵심은 '자기 권리 포기'이다. 성자께서는 근본 "하나님의 본체"이시다. 따라서 성자께서는 "하나님과 동등됨을 취할" 권리가 있으시다. 그러나 그분은 스스로 자신을 낮추시어 "종의 형체를 가지사 사람들과 같이 되셨다"고 한다. 그리고 "죽기까지 복종하셨다"고 한다. 그것을 바울은 "십자가의 죽음"이라고 소개한다. 예수님은 스스로 살 권리도 포기하신 것이다(요 10:11). 이런 예수님의 겸손을 염두에 두고 바울은 "서로 마음을 같이하며 높은 데 마음을 두지 말고 도리어 낮은 데

처하며 스스로 지혜 있는 체 하지 말라"(롬 12:16)고 가르쳤다. 이는 성도가
서로 권리를 포기하는 자세를 가지라는 의미이다.

그러면 왜 예수님께서 자기의 권리를 포기하셨는지 생각해 보자. 왜 예
수님은 바울의 표현처럼 "높은 데 마음을 두지 않고 도리어 낮은 데 처"하는
태도를 견지한 것인가? 왜 예수님은 자기의 유익을 구하지 않고 "십자가의
죽음"이라는 겸손의 절정을 선택하신 것인가? 그 이유는 먼저 성부의 뜻을
죽기까지 복종하는 겸손을 견지하신 것이고, 다른 한 편으로는 영원히 멸망
당할 우리를 구원해 주신 것이다. "나는 선한 목자라 선한 목자는 양들을 위
하여 목숨을 버리거니와"(요 10:11).

이렇게 볼 때, 성경이 요구하는 겸손의 핵심 원리는 '하나님 사랑'과 '이웃
사랑'으로 요약된다. 다시 말한다면 하나님께 대한 존중이요, 이웃의 유익
을 위한 것이 겸손의 원동력이어야 한다는 말이다.

실제로 이 놀라운 겸손의 태도가 세상을 변화시키는 결과를 초래하였다.
세상에서 그리스도인들은 모든 권세가 하나님으로부터 나온다는 믿음으로
어디를 가든지 충성된 사람으로 나타난다. 반대로 하나님께 대한 적대적인
권위에 대해서는 항거하는 개혁적 태도를 견지하기도 했다.

뿐만 아니다. 이 겸손은 세상의 권력과 돈과 명예와 힘을 자기를 위해 사
용하지 않고, 스스로 자기보다 못한 사람들을 향한 봉사의 삶을 살도록 만

들었다. 고귀한 사람이 비천한 사람들을 돌아보고, 지식인들이 무식한 사람들을 인내하며 가르치게 만들었다. 부자는 가난한 사람들을 돌아보았고, 힘 있는 자들은 약한 자들을 돕는 자리에 서게 만들었다. 이 겸손이 미국과 영국의 선교사들로 하여금 더럽고 무식하며 잔인한 조선 사람들에게 불편함과 고통과 순교를 감수하며 복음을 증거하는 일을 가능하게 만들었다. 왜냐하면 예수님께서 보여주신 겸손이 바로 그것이기 때문이다.

결론적으로 말한다면 성경이 가르치는 겸손이란 궁극적으로 하나님 앞에서의 겸손이다.

하나님 앞에서 자신의 위치를 바르게 자각하고 그 위치를 넘어서지 않는 것이다. 우리의 겸손은 여기서 시작되어야 한다. 하나님 앞에서(coram Deo)의 겸손이 없는 겸손은 위선일 뿐이다. 하나님 앞에서 자신의 전적인 무능과 타락을 자각하지 못한 겸손은 교만을 가장한 겸손일 뿐이다. 이 겸손을 통해서 사회의 모든 권위에 대한 질서가 가능해진다.

인간관계 속에서 나타나는 겸손은 오직 하나님께 대한 겸손의 반응으로 나타나야 한다. 그리고 그 반응은 이웃과의 관계 속에서 "높은 데 마음을 두지 않고 도리어 낮은 데 처"하는 태도를 견지하게 한다. 다른 사람들을 자신보다 낮게 여기는 태도를 견지하게 한다. 이 겸손이 바탕에 깔려 있을 때, 성도는 비로소 이웃의 유익을 위해 살아가게 된다. 자신에게 주어진 모든 지식과 권력과 명예와 힘을 자기를 위해 사용하기보다는 이웃을 섬기기 위한 수단으로 사용할 수 있게 된다. 우월감이 아닌 섬기는 종의 심정으로 말이다.

☞ **겸손의 정의**

성경이 가르치는 겸손이란 하나님 앞에서의 인간이 자기 피조물 됨을 인정하는 것이다.

신앙은 개념이다

16

거룩

16
거룩

사도 베드로는 이 시대의 그리스도인들을 향하여 "내가 거룩하니 너희도 거룩할지어다"(벧전 1:16)라고 가르친다. 이는 레위기 11장 44-45절의 "나는 너희의 하나님이 되려고 너희를 애굽 땅에서 인도하여 낸 여호와라 내가 거룩하니 너희도 거룩할 지어다"(레 11:45)를 인용한 것이다.

여기서 "내가 거룩하니 너희도 거룩할 지어다"라는 말씀은 "나는 너희의 하나님이 되려고 너희를 애굽 땅에서 인도하여 낸 여호와"라는 말씀을 전제로 한다. 이 말씀은 하나님께서 이스라엘 백성들을 선택하여 구원하신 이유를 보여준다. 하나님은 이스라엘의 하나님이 되시기 위해서 그들을 애굽 땅에서 인도해내셨다는 말이다. 그리고 하나님은 선택하여 구원하신 백성들을 향하여 거룩을 요구하셨다.

이 말씀 속에는 묘한 의미가 내포되어 있다. 이스라엘이 하나님을 선택한 것이 아니라 하나님께서 이스라엘을 선택했다는 점이다. 출애굽기에서 이스라엘의 구원은 표면적으로만 보면 이스라엘의 부르짖음의 결과처럼 보인다.

"여러 해 후에 애굽 왕은 죽었고 이스라엘 자손은 고된 노동으로 말미암아 탄식하며 부르짖으니 그 고된 노동으로 말미암아 부르짖는 소리가 하나님께 상달된지라" (출 2:23)

그러나 구원이 이스라엘의 부르짖음의 결과처럼 보이는 것은 분명히 오류이다. 이것은 부분적으로 나타난 현상만 주시함으로 나타나는 착시현상과 같다. 그러나 레위기의 말씀을 보면 이스라엘이 구원을 얻게 된 원인은 하나님의 선택에 있다고 가르친다. 이스라엘이 하나님을 선택했기 때문에 구원받은 것이 아니라는 말이다. 출애굽기 2장은 이스라엘 구원에 대한 현상을 기록한 것이라면, 레위기 11장의 말씀은 현상에 대한 해석을 다룬다. 이런 레위기 11장 45절의 말씀을 기초로 출애굽기 2장 23절의 사건을 관찰하면 이스라엘의 부르짖음이 하나님을 선택한 행위가 아니라, 하나님의 선택이 이스라엘로 하여금 하나님께 부르짖게 하는 현상을 일으킨 것임을 알게 된다.

여기서 우리는 현상과 해석이 얼마나 다르게 나타날 수 있는지 발견하게 된다. 성경의 해석(계시)이 우리에게 주어지지 않는다면 우리는 삶 속에 나타나는 수많은 현상을 그릇 해석할 만한 것이 너무도 많다는 것을 알 수 있다. 그렇기 때문에 계시가 필요하다. 계시는 현상을 객관적으로 해석할 수 있는 유일한 잣대가 된다.

그런데 여기서 중요한 점은 하나님께서 이스라엘을 선택하신 이유가 무엇인가 하는 것이다. 대답은 이스라엘의 하나님이 되시기 위해서다. 이 말씀은 하나님께서 그들에게 당신이 하나님이 되어주시기 위해 선택하셨다는 말이다. 그런데 하나님은 그들에게 그것으로 끝내지 않으시고 한 가지 의무를 요구하신다. 그것은 "내가 거룩하니 너희도 거룩하라"는 것이다.

하나님께서 일방적으로 이스라엘을 구원하기 위해 선택하셨다면 조건 없이 그것으로 끝나야 하는 것이 아닌가? 그러나 하나님은 주권적으로 이스라엘을 구원하신 후에 "내가 거룩하니 너희도 거룩하라"는 무리한 요구를 하신다. 왜 하나님은 이런 요구를 하시는 것일까?

사실 이것은 요구가 아니다. 상당수 사람들이 이 명령을 요구라고 오해를 해 왔다. 그러나 청교도와 개혁파 신학에서는 이것이 요구가 아니라 구원받은 백성들의 찬송과 감사의 외적 표징이라고 가르친다. 하나님의 선택받은 백성들은 의무적으로 거룩을 억지로 추구하는 것이 아니다. 구원의 감사와 찬송으로 거룩을 추구하게 되는 것일 뿐이다.

이러한 성경의 가르침을 바르게 이해하려면 우리는 "거룩"이라는 용어를 바르게 이해해야만 한다. 그래야만 우리는 비로소 거룩이 의무가 아니라 찬송과 감사라는 것을 이해할 수 있다. 만일 이 용어를 제대로 이해하지 않고 거룩을 추구하려 한다면 그는 행위 구원으로 치우치게 될 것이다.

실제로 많은 사람들이 성경이 요구하는 거룩을 구원의 조건처럼 오해하곤 한다. 그래서 거룩에 대한 다양한 해석이 나온다. 어떤 사람은 도덕적 완전으로 이해한다. 아니면 종교적 신비에 몰입한 삶이라고 이해하는 사람도 있다. 그래서 금욕주의에 빠지거나 아니면 신비적 체험을 추구하곤 한다. 거룩을 이런 식으로 이해했던 대표적인 종교가 바로 천주교다. 천주교는 성경이 가르치는 거룩을 잘못 이해하여 세상과 담을 쌓고 수도원에 들어가 금욕하며 도덕적 완전을 추구하거나, 혹은 신비적 체험을 추구하는 신(神)과의 합일(合一)을 위한 수행에 몰입한다. 그리고 이것이 구원을 위한 의무라고 생각했다.

문제는 성경이 가르치는 거룩의 의미가 이런 것이 아니라는 점이다. 거룩을 이런 식으로 이해하는 것은 이방 종교나 철학의 관점이다. 그러므로 이 사람들이 열정을 가지고 거룩을 추구한다고 하지만, 이것은 하나님께서 기대하지 않은 자기 상상 속의 허상을 추구하는 것일 뿐이다.

이것은 마치 하나님께서 요구하시는 과녁으로서의 거룩을 향해 활시위를 당기지 않고, 자기가 생각하는 과녁을 향해 활시위를 당기는 것과 같다. 이런 사람들은 비록 자기가 원하는 과녁엔 적중을 시켰을지 모르나 사실은 하나님께서 원하시는 과녁을 맞추지 못한 사람들이다. 이것을 헬라어로는 과녁에서 벗어났다는 의미로 "죄"(하마르티아, ἁμαρτία)라고 한다. 이런 사람들을 향하여 바울은 "내가 증언하노니 그들이 하나님께 열심이 있으나 올바른 지식을 따른 것이 아니니라 하나님의 의를 모르고 자기 의를 세우려고 힘써 하나님의 의에 복종하지 아니하였느니라"(롬 10:2-3)고 지적한다.

그러면 성경이 가르치는 "거룩"이란 무엇인가?

거룩에 해당하는 히브리어는 "카도쉬"(קָדוֹשׁ)다. 이 말의 문자적인 뜻은 "더러움과 분리된 상태"를 말한다. 그런데 성경에서 이 단어가 사용된 용례를 보면 단순히 더러움과 분리된 것이 아니다. 하나님과 직접적으로 관련되어 이해되어야 할 부분이다.

이 용어는 다른 용어와 마찬가지로 문자적으로만 이해해서는 정확한 의미를 알 수 없다. 왜냐하면 이 용어는 구약에서 제사 제도와 관련된 제사 용어이기 때문이다. 따라서 성경의 용례 속에서 이해할 때, 그 의미가 명확해진다.

첫 번째로 이 용어가 제사 '제물'에 사용될 때는 주로 '하나님께 흠 없이 바쳐진 제물'이라는 의미로 이해된다. 두 번째로 이 용어가 '사람'에게 사용될 때에는 하나님께 '헌신된 사람'이라는 의미를 가진다. 그리고 마지막 세 번째로 이 용어가 하나님 자신에게 사용될 때에는 피조물과 구별된 존재라는 뜻이 된다. 이것을 좀 더 구체적으로 이해해 보자.

첫 번째, 거룩은 제단의 제물에게 사용될 때, 어떤 의미를 갖는가? 이 의미는 하나님께 드려지는 제물은 흠도 점도 없어야 한다는 의미다. 그 제물을 드리는 사람은 자기 제물 가운데 가장 흠 없는 좋은 것을 드려야 한다. 말라기 선지자의 지적처럼 눈먼 것, 병든 것, 저는 것은 결코 거룩한 제물이라 할 수 없다. 이것이 거룩이라는 용어가 제물에게 사용될 때의 의미이다. 다시 말해서 하나님의 구원의 은혜에 감사하고 찬양한다면 그는 당연히 하나님께 흠 없는 제물을 드리려 할 것이라는 말이다.

두 번째로, 거룩이라는 용어가 사람에게 사용되면 그 사람은 하나님께 온전히 헌신된 사람이라는 의미가 된다. 이도 마찬가지로 이런 헌신은 하나님의 구원의 은총을 맛본 사람들이 감사와 찬송의 표현으로 나타나게 될 열매다. 구약시대에 하나님께 헌신된 대표적인 사람이 바로 제사장이나 레위인이다. 이들을 구약에서 거룩한 사람들이라고 한다. 이들은 성전 봉사를 위해 특별히 구별된 사람들이다. 이 말을 좀 더 이해하기 쉽게 말한다면 이들은 성전 봉사를 위해서 온전히 헌신된 사람들이라는 말이다.

흥미롭게도 이들은 출애굽 당시에 장자 재앙을 피하게 된 이스라엘 열두 지파의 장자들을 대표하는 사람들로 여겨진다. 그러면 레위인들이 어떻게 이스라엘 열두 지파를 대표한다는 것인가? 레위인들은 열두 지파 장자들이 하나님께 드려야 할 헌신을 성전제사를 통해 대표로 헌신하는 것이다. 그들의 헌신은 열두 지파 장자들의 헌신으로 간주된다.

"이스라엘 자손 중 모든 처음 태어난 자 대신에 레위인을 취하고 또 그들의 가축
대신에 레위인의 가축을 취하라 레위인은 내 것이라 나는 여호와니라" (민 3:45)

따라서 제사장들을 포함한 레위인들의 헌신은 이 놀라운 유월절 은혜에
대한 감사와 찬송의 표현으로 나타난다.

구약에서 제사장들의 성전 봉사는 말 그대로 마음과 뜻과 힘과 지혜와 생
명을 다해서 해야 할 직무였다. 제사장이 성전 봉사를 하는 가운데 가족이
병에 걸려서 위독하거나, 아내가 출산을 했다거나, 혹은 전쟁이 일어나서
생명의 위협을 받는 상황에서도 제사장은 성전 봉사의 행위를 등한시해서
는 안 되었다. 만일 제사장이 건강이 나쁜 상황 속에 있다고 하자, 그럴지라
도 그 직무는 끝까지 성실하게 수행되어야 했다. 이것이 거룩이다. 이는 하
나님의 은혜에 대한 헌신이 어떤 것인지 보여준다.

무엇보다 그들은 성전이 죄로 오염되거나 이방인으로 인해 모독을 당하
지 않도록 힘써야 했다. 가까운 친족이나 왕이라도 성전을 부정하게 한다
면 그 부정을 막기 위해 그를 죽이는 극단적인 방식을 통해서라도 막아야
했다.

"너는 아론과 그의 아들들을 세워 제사장 직무를 행하게 하라 외인이 가까이 하면 죽임을 당할 것이니라" (민 3:10)

만일 전쟁으로 말미암아 성전이 이방인으로부터 공격을 받는다면 제사장들은 성전을 자기 무덤으로 삼을 각오를 해야 했다. 실제로 이 일이 A.D. 70년경에 로마군들에 의하여 일어난 성전 훼파 사건 때 벌어졌다. 제사장들은 성전을 이방인들의 모독으로부터 지켜내기 위해 도망을 갈 수 없었고, 학살을 당해야 했다. 이처럼 사람에게 거룩이라는 용어가 사용될 때, 그 사람은 하나님께 모든 충성과 헌신을 다하는 사람이라고 보아야 한다.

물론 여기엔 도덕적 개념도 포함된다. 그러나 그 도덕적 개념은 율법의 준수를 통한 하나님께 헌신을 의미할 뿐이지, 도덕 자체가 거룩을 의미하지는 않는다. 만일 하나님을 기쁘시게 하기 위한 것이 아니라면 그 도덕성도 거룩과는 별개의 문제가 된다. 믿음을 따라 하지 않은 것이 다 죄라는 바울의 가르침이 여기에 적용된다(롬 14:23). 왜냐하면 믿음을 따라 하지 않은 모든 도덕적 행위는 자기 의요, 위선이기 때문이다.

마지막 세 번째로 거룩이라는 용어가 하나님께 사용될 때를 보자. 이 용어가 하나님께 사용되면 하나님이 모든 피조물과 구별된 존재라는 의미다. 하나님은 창조주이시고 우리는 피조물이다. 하나님은 존재 방식과 속성이 피조물과 구별된다. 이것은 존재론적(存在論的) 표현이다. 하나님은 영원하고 우리는 유한하다. 하나님은 어디에나 계시지만 우리는 시간과 공간에

제약을 받는다. 하나님은 신이지만 우리는 피조물이다.

이제 우리는 "거룩"이라는 용어가 제물과 사람과 하나님께 사용될 때, 각각 다른 개념을 가지고 있다는 점을 염두에 두고 신약에서 "거룩"이라는 용어가 어떻게 적용되고 이해되는지 생각해 보자.

먼저 구약의 첫 번째의 관점에서 "거룩"을 적용해 보자.

첫 번째 관점에서 거룩은 제물을 하나님께 드리는 것이다. 여기서 하나님께 드리는 제물은 흠과 점이 없어야 한다고 했다. 이 개념을 사도 바울은 로마서 12장 1절에서 아주 잘 설명해준다.

"너희 몸을 하나님이 기뻐하시는 거룩한 산 제물로 드리라 이는 너희가 드릴 영적 예배니라" (롬12:1)

여기서 바울은 친절하게도 자기 몸을 하나님께서 기뻐하시는 거룩한 산 제물로 드리는 것을 "영적 예배"라고 설명해주고 있다. 이는 구약적 거룩의 개념이 신약 속에서 어떻게 적용되어야 할 것인지 아주 명확하게 잘 적용한 가르침이다.

여기서 바울은 성도의 거룩이 자신의 삶 전체를 하나님께서 받으시기에 합당한 제물로 헌신하는 것이라고 한다. 이 표현에서 성도의 삶은 하나님께서 받으시는 제물이 된다. 구약에서는 동물이 제물이었지만 신약에서는 신자의 삶이 제물이 된다. 그리고 성도는 자기 자신을 제물로 드리는 거룩한 제사의 제사장이 된다.

따라서 거룩한 삶을 산다는 것은 더 이상 나의 행복과 만족을 위해 살지 않고 하나님과 이웃을 위해 희생하는데 초점이 맞춰진다. 이런 심적(心的) 동기에 의해서 우리는 가정과 직장과 종교 생활 등, 모든 삶 속에 하나님께 대한 흠 없는 봉사자로 살아야 한다. 더 이상 나의 행복을 위해 하나님을 슬프게 하거나 이웃의 행복을 파괴하는 삶을 살아서는 안 된다. 이것이 하나님의 은혜와 사랑을 맛본 자의 당연한 반응이다.

바울은 "그리스도께서도 자기를 기쁘게 하지 아니하셨나니"(롬 15:3)라고 가르친다. 구원받은 성도는 주님처럼 하나님을 기쁘시게 하기 위해 마음을 다하고, 뜻을 다하고, 힘을 다하고, 지혜를 다하고, 생명을 다하여 주님을 사랑해야 한다. 그리고 이웃을 내 몸처럼 사랑해야 한다. 이것이 우리에게 거룩한 삶을 살라는 의미이다.

그러나 하나님께서 받으시는 제물은 자기 자신만이 아니다. 로마서 15장 16절을 보면 바울은 하나님을 알지 못하는 이방인들을 제물이라고 가르친다. 신자는 자신만이 아니라, 이방인들까지도 하나님께서 받으시기에 합당한 제물로 드리는 제사장이 된다.

"이 은혜는 곧 나로 이방인을 위하여 그리스도 예수의 일꾼이 되어 하나님의 복음의 제사장 직분을 하게 하사 이방인을 제물로 드리는 것이 성령 안에서 거룩하게 되어 받으실 만하게 하려 하심이라" (롬 15:16)

이런 차원에서 설교자들은 교인들을 천국에 보내는 것만으로 자기 임무를 다했다고 생각하면 안 된다. 교인들의 삶 전체가 하나님께서 기쁘게 받으실 만한 예배자의 삶을 살도록 끊임없이 독려하고 가르쳐야 한다. 성도들의 삶 전체가 거룩한 제물의 삶이 되도록 해야 한다.

이 문제는 설교자들만의 문제가 아니다. 성도들도 자기 배우자와 자녀들로 하여금 하나님께서 받으시기에 합당한 제물이 되도록 힘써야 한다. 그리하여 경건한 세대를 만들어내야 한다. 직장이나 사회생활 속에서도 하나님을 모르는 불신자들을 전도하여 하나님을 위해 살도록 힘써야 한다. 이것이 거룩이다.

두 번째로 구약에서 거룩은 제사장들의 헌신이라고 했다. 이 표현은 이미 첫 번째 개념과 곧바로 연결된다. 성경은 신약의 성도들을 제사장들의 무리라고 가르친다(벧전 2:9). 목사만 제사장이 아니라 모든 성도가 제사장이다. 목사의 직분만 성직이 아니다. 신자들의 모든 직업이 다 하나님과 이웃을 위한 봉사 행위로서의 성직이다. 이것은 종교개혁의 중요한 이슈(issue)이기도 했다. 따라서 제사장 된 모든 성도들은 삶 전체를 하나님께 흠 없이 드리는 봉사로 살아가야 한다. 가정과 직장과 교회에서 하나님께 봉사하는 태도로 삶을 살아가야 한다. 특히 직장에서 자기에게 주어진 직업을 하나님께 드리는 예배가 될 때, 그 직장은 거룩하다고 할 수 있다. 신자는 레위인과 같은 존재로서 하나님께 생명을 빚진 장자들의 무리처럼 이해되어야 한다.

이 개념은 신자가 성전된 하나님 나라 경작과 관련된다.

이것을 바르게 이해하려면 우리는 창세기의 아담이 성전 봉사자였다는 점을 먼저 염두에 두어야 한다. 창세기 1장과 2장을 보면 아담은 하나님 나라의 그림자인 에덴동산을 경작하도록 창조되었다. 하나님은 에덴동산을 창조하시고 아담을 거기에 두셨다. 그리고 "그것을 경작하며 지키게" 하셨다. 여기서 하나님이 아담에게 요구하신 두 개의 동사, 즉 "경작"(아바드, עָבַד)과 "지킴"(샤마르, שָׁמַר)은 매우 중요한 단어다. 왜냐하면 이 두 단어는 성전 봉사와 직결된 '제사장 용어'이기 때문이다.

예를 들어서 하나님은 민수기 3장에서 성막 봉사에 대한 규례를 "회막의 모든 기구를 맡아 지키며 이스라엘 자손의 직무를 위하여 성막에서 시무할지니"(민 3:8)라고 명령하셨는데, 여기서 "지키며"가 히브리어로 '샤마르'(שָׁמַר)고, "시무할지니"가 '아바드'(עָבַד)다. 이 두 단어는 각각 창세기에서 아담에게 "경작하라"와 "지키라"고 명하실 때 사용한 동사들이다.

이러한 사실을 기초로 에덴동산이 하나님 나라 그림자라는 것을 염두에 둘 때, 신자의 제사장적 헌신(거룩)이란 "경작하라"(아바드, עָבַד)와 "지키라"(샤마르, שָׁמַר)로 요약할 수 있다. "경작하라"에 해당하는 히브리어 '아바드'는 주로 제사장의 "예배"(봉사) 사역과 관련되고, "지키라"에 해당하는 '샤마르'는 성전이 부정에 오염되지 않도록 했던 정결 사역과 관련된다.

그렇다면 만인 제사장으로서 살아가는 신약의 성도에게 요구되는 거룩한 삶이란 무엇인가? 그것은 예배자의 삶을 통해 하나님의 통치(거룩)를 확산시키는 것이다. 그리고 동시에 교회 공동체와 자기 자신이 하나님의 통치(거룩)에서 벗어나지 않도록 마음과 진리를 지키며 살아가는 것을 말한다. 이런 삶을 통해서 신자는 자신으로부터 시작해서 가정과 직장과 지역 사회와 국가, 더 나아가 온 세상에 거룩을 확산시켜야 한다.

마지막 세 번째로 "거룩"이 하나님께 적용될 때의 개념을 신약적으로 적용해서 이해해 보자. 앞에서 언급했던 것처럼 거룩이 하나님께 사용되면 그것은 피조물과 구별된 존재라는 의미라고 했다. 이것은 하나님의 이름이 찬양을 받아야 한다는 것을 말한다. 천상에서 그룹들은 영원토록 "거룩하다. 거룩하다. 거룩하다"를 연발한다. 이사야 42장 8절을 보면 "나는 여호와이니 이는 내 이름이라 나는 내 영광을 다른 자에게, 내 찬송을 우상에게 주지 아니하리라"고 선언하고 있다.

신약의 성도가 거룩하게 살아야 한다는 명령은 하나님의 거룩하신 영광을 드러내는 데 있다. 사탄은 끊임없이 하나님의 이름이 세상과 구별되는 것을 막으려 한다. 하나님만이 창조주되시며, 하나님만이 선하시며, 하나님만이 진리되시며, 하나님만이 전능하신 분이심을 온 세상이 찬송하지 못하게 한다.

하나님의 선하심을 믿지 못하도록 하고, 진리를 혼란스럽게 하며, 하나님의 전능성과 전지성을 인간의 재능과 지혜에 돌리도록 한다. 하나님의 백성들은 이러한 사탄의 궤계와 싸우도록 부름 받은 존재이다.

따라서 하나님은 교회를 세상으로부터 불러내어 그리스도 안에서 새롭게 창조하셨다. 바울의 표현처럼 "새로운 피조물"(고후 5:17)이 되게 하신 이유는 바로 하나님의 거룩을 드러내게 하는 데 있다. 사도 베드로의 표현처럼 우리를 "어두운 데서 불러내어 그의 기이한 빛에 들어가게 하신"이유는 하나님의 "아름다운 덕(탁월함)을 선포하게 하려 하심"에 있다(벧전 2:9).

우리는 단순히 천국 시민만 된 것이 아니다. 하나님의 형상을 회복한 마지막 아담의 삶에 참여하는 존재가 되도록 재창조된 것이다. 하나님께서 이렇게 우리를 구원하셔서 하나님의 형상을 회복시키신 이유는 하나님의 거룩을 드러내기 위함에 있다. 거듭나지 않으면 하나님의 영광(거룩)을 드러낼 수 없으므로 하나님의 영광을 드러낼 수 있는 기능을 회복하신 것이다. 이것이 바로 구원의 핵심이다.

따라서 서론에서 사도 베드로가 "내가 거룩하니 너희도 거룩할지어다"(벧전 1:16)고 한 명령의 의미는 바로 여기서 그 실체를 드러낸다. 이것은 단순한 의무나 명령이 아니다. 하나님 나라 백성이 그 은혜에 대한 감사와 찬송을 거룩한 삶으로 보답해야 마땅하다는 것이다.

이는 마치 소금이 그 맛을 드러낼 수밖에 없고, 빛이 어둠을 비출 수밖에 없는 것과 같은 이치다. 거룩한 하나님이 우리의 아버지되셨으니 우리가 거룩할 수밖에 없다. 교회는 새로운 피조물이 되었기 때문에 세상 사람들과 구별될 수밖에 없다. 그리하여 하나님의 이름이 찬송을 받게 된다.

흥미로운 점은 교회가 하나님의 거룩함처럼 우리도 거룩해야 한다는 의미를 존재의 속성적 구별됨과 관련을 맺고 있다는 점이다. 즉 하나님은 신이시기 때문에 피조물과 구별된다. 이는 하나님과 피조물의 존재 속성이 다르기 때문이다. 마찬가지로 교회도 거듭나지 않은 세상 사람들과 구별됨이 나타날 수밖에 없다. 왜냐하면 성도는 새롭게 창조된 피조물이기 때문이다. 이것이 거룩이다.

그러면 교회가 어떻게 세상과 존재 속성이 구별된다는 것인가?

첫째, 생명 유지 방식이 다르다. 세상 사람들은 부귀와 명예와 성공과 세상적 즐거움을 양식으로 산다. 그들은 이런 것들이 없으면 살 수 없다. 그러나 성도는 하나님의 입에서 나오는 말씀을 양식으로 산다(마 4:4). 우리는 성경 말씀의 인도함 없이는 살 수 없다.

둘째, 세상 사람들은 세상에 속했지만, 성도는 하늘에 속했다(요 15:19).

셋째, 세상 사람들의 아버지는 사탄이지만, 성도의 아버지는 하나님이시다(요 8:44).

넷째, 세상 사람들은 육신의 힘을 의지해서 살지만, 성도는 성령의 힘으로 살아간다(마 12:28).

다섯째, 세상 사람들은 이 세상이 고향이지만, 성도는 하나님의 품이 고향이다(마 6:20).

결론적으로 우리는 거룩을 무엇이라고 규정할 수 있겠는가? 그것은 신자됨의 의무가 아니다. 신자됨의 정체성을 말한다. 신자들의 찬송과 감사의 방식이다. 신자는 구원을 받음으로 자기 정체성을 새롭게 발견하고 새로운 삶을 향해 행하게 된다. 이것이 바로 '거룩'이다. 성도는 부정한 자에서 거룩하게 된 자이며, 일평생 거룩을 목표로 살게 된 사람들이다.

이는 마치 세족식처럼 "이미 목욕한 자는 발밖에 씻을 필요가 없느니라 온 몸이 깨끗하니라"(요 13:10)는 선언을 받은 존재들이다. 이렇게 거룩하게 된 존재들은 날마다 거룩의 완성을 인생의 목표로 열망하며 살게 된다.

이것을 구약적 표현으로 하나님께 드리는 제물이 된 존재이며, 동시에 그 제물을 드리는 제사장이 된 존재라고 한다. 그리스도인들은 제사장이 되었기 때문에 하나님께 자기 자신을 흠 없는 제물로 드리기를 힘쓴다. 뿐만 아니라 그리스도인들은 이전 것은 지나가고 새로운 피조물이 되었기 때문에 이전처럼 살 수 없다. 이전엔 사탄을 아비로 두고 아비 사탄의 형상을 드러내는 삶을 살았다면, 이젠 하나님이 아버지가 되시므로 아버지 하나님의 영광을 드러내며 산다. 이런 새로운 삶은 단순히 도덕적인 삶 이상의 태도이다. 하나님을 뜨겁게 사랑하는 것을 통해 이웃과 세상에 사랑을 실천하는 삶을 살게 된다. 이것이 성경이 가르치는 '거룩'의 개념이다.

☞ **거룩의 정의**

거룩이란 구별되었다는 뜻으로서 사람에게 사용될 경우에는 헌신, 제물에게 사용될 경우에는 흠이 없는 것, 그리고 하나님께 사용될 경우에는 피조물과 구별된 속성을 뜻한다.

용어 정리

여호와의 이름

여호와의 이름은 하나님께서 사랑으로 우리의 현재 이 자리에 실존하시는 분이심을 의미한다. 교회는 믿음으로 이 실존을 드러내도록 부름받았다.

하나님의 영광

하나님의 영광이란 세상과 구별된 하나님의 하나님 되심을 드러 내는 것이다.

임재

임재란 하나님께서 자신을 나타내심을 뜻한다.

하나님께서 중심을 보신다

하나님께서 중심을 보신다는 말은 우리가 고난 중에도 사랑의 고백을 하기를 하나님이 기대하신다는 말이다.

복음

복음이란 죄와 사망의 통치 아래 신음하는 사람이 비로소 그 통치로부터 해방될 길
이 열렸다는 소식이다.

믿음

믿음이란 지적 수용이 아니라 그리스도와 신자를 연합하시는 성령의 수단이다.

실족

실족이란 나로 인해 다른 사람들이 죄에 빠지도록 만드는 것이다.

구원과 구원의 확신

구원이란 타락한 인간이 하나님과 관계가 회복되어 하나님의 형상을 회복하는 것
이며, 확신은 이 회복을 성령의 보증을 통해 얻게 된다.

온전

온전이란 그리스도 안에서 하나님의 사랑으로 율법을 충성되게 준행하려는 태도이
다.

안식

안식이란 그리스도 안에 거하는 것이다.

영생

영생이란 그리스도와 연합하여 하나님의 형상을 나타내는 삶이다.

천국과 지옥

성경이 가르치는 천국과 지옥이란 현세에서 시작하여 내세에서 완성되는 것으로서 하나님의 통치를 기뻐하는 여부에 의해 몸과 영과 혼 전인격의 구원과 심판을 맞이하는 것이다.

표징

표징이란 하나님께서 신자와 언약하시고 그 언약을 보증하시는 신적 서명이다.

섬김

섬김이란 하나님께 대한 봉사를 삶의 전 영역에 구현하는 것이다.

겸손

성경이 가르치는 겸손이란 하나님 앞에서의 인간이 자기 피조물 됨을 인정하는 것이다.

거룩

거룩이란 구별되었다는 뜻으로서 사람에게 사용될 경우에는 헌신, 제물에게 사용될 경우에는 흠이 없는 것, 그리고 하나님께 사용될 경우에는 피조물과 구별된 속성을 뜻한다.

신앙 개념 시리즈